你無法破壞我的心情

鄭宇烈 정우열——著
馮燕珠——譯

精神科醫師教你維持恰到好處的關係

힘들어도 사람한테 너무 기대지 마세요:
기대면 더 상처받는 사람들을 위한 관계 심리학

高寶書版集團

「情緒需要觀察，而不是刻意控制。」

＊注意：
本書所提到的案例，皆是根據不同來談者的故事進行重構的。
我想在此聲明，書中故事並無針對任何特定人士。

序言 人，其實不怎麼樣

不勉強「一定要做到」，試著改成「不行就算了」

在這本書寫到尾聲時，我回想起第一次與出版社企劃編輯開會時的狀況。編輯是我的YouTube頻道的訂閱者，他提到我在影片中經常說的一句話讓他很有感：「人，其實不怎麼樣。」如果我們都能承認人類並沒有想像中那麼優秀，反而會減少壓力，心情也會變得輕鬆許多，這樣說不定反而會表現得更好。這讓我又想起另一個小插曲，同樣是一位頻道訂閱者，曾經如此寫下他的苦惱：

「醫生，我目前正在待業中，有一間我很想進去的公司，他們的招募期限即將到了，我卻一直遲遲未把履歷和自傳準備好寄出。我不知道自己為什麼這樣？為什麼這麼懶惰？」

看完了他的故事，我這樣回覆：

「我想原因不是因為懶惰，反而是您的心裡很不安吧，所以才會採取逃避的行為。因為逃避，所以強迫性地一再把該做的事延宕。這種時候請您先不要貶低自己，不要自責『我怎麼會這個樣子』或是強迫自己一定要做些什麼，不如就先順勢理解這一瞬間的感受吧，先安撫自己。您可以不用那麼迫切地要寫出一份完美履歷，盡目前所能寫一寫就好。試著這樣想：『賭一把，如果不行就算了。』」

不久之後，我又收到這位訂閱者的消息：「我按照醫生說的，心裡想著『能通過最好，如果沒過就算了』，以輕鬆的心情寫好履歷和自傳寄出，沒想到初步的資料審查通過了！」第二天的面試，他也懷著輕鬆的心情前去，果然也順利通過。稍有不慎，我們自我埋怨的行為很容易就會形成惡性循環。我很慶幸可以幫助那位訂閱者了解自己的心理狀態，同時也得到很好的結果，讓我感到非常欣慰。

人際關係不是技巧，而是情感

身為精神科醫生及YouTuber，我總是在診間和影片下的留言中遇見因人際關係而困擾的朋友。

但是在人際關係當中發生的各種問題，並不能單純地依靠某種純熟的技巧解決，因為每個人都有各自的人生故事，這些會錯綜複雜地交織在一起，對包括生活方式在內有各種形式的影響。雖然我經常在自己的YouTube頻道中這麼說，但我也相信所有行為都是有理由的，因此重要的不是那個人的「行為」，而是「情緒」。履歷和自傳一再延宕並不是重點，應該要注意的是在那個時候感受到的情緒，也就是不安、焦躁、壓力。這些情緒的力量比我們想像的更大，不只會影響到自己的行為，也會原封不動地傳達給對方，而這也就是人際關係經常陷入困境的原因。人際關係這件事，與學校學習的知識或公司的業務不同，是一種潛意識的相互作用，所以當我們越覺得應該好好處理，對別人的期待值就會越高，反而會覺得人際關係很難，心裡時常陷入糾結。

情緒沒有優劣

那我們應該怎麼做呢？很多人都會問要如何才能調整自己的情緒？又要怎樣才能控制突然從心底湧上的情緒？我的答案是：

情緒需要觀察，而不是刻意控制。

不要刻意控制自己的情緒，因為這樣一來反而會感到壓力，行為就會變得不自然。相反地，無論在與他人的關係中發生了任何狀況，我們都要傾聽自己在瞬間感受到的、原原本本的情緒，無論是生氣、不安、害怕或討厭，所有情緒都很珍貴。情緒沒有優劣，沒有所謂的好情緒、壞情緒，因此無論是什麼樣的情緒，都不用急著否定或刻意壓抑，這就是我想透過這本書傳達的核心訊息。只要這樣細緻地觀察自己的情緒，在人際關係中感受到的痛苦和壓力就會減少很多，因人際關係而疲憊不堪的心也會變輕鬆。我希望這本書能在這個過程中盡到一點心靈導航的作用。如果有人讀了這本書後能更理解自己的心，在人際關係方面能更得心應手，對身為精神科醫生和 YouTuber 的我來說，沒有比這更值得高興的事了。

二〇二二年四月　鄭宇烈

目錄
Contents

目錄
Contents

PART 1

我為什麼會變成這樣？

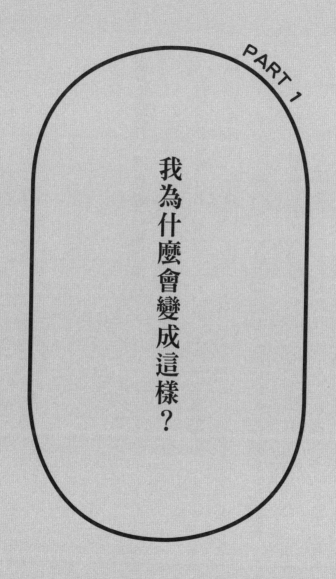

01 只要我努力，人際關係就會改變嗎？

不管怎麼躲，還是會遇到神經病

網路上曾經流傳過一張圖，一九九〇年代的電視機因為是映像管顯示器，所以體積都很厚實，對比人就很瘦；到了二〇〇八年，電視都換成了液晶螢幕，變得極薄，但人卻變胖了。可見電視機和人之間存在著某種質量守恆定律。這個物理法則同樣也可以適用於人際關係，人與人之間也有「瘋子守恆定律」，這是指不管在哪一種型態的群體中，都會有所謂的「瘋子」。舉例來說，有人說「我的婆婆真的是非常好」，但這就代表她完全沒有承受來自婆家的壓力嗎？往往要進一步了解後才發現事實並非如此。婆婆很好沒錯，但公公可能怪怪的；如果公公也是個好人，那多半有個難相處的小姑；若小姑也是個好人，那麼可能有個逢年過節才見面，卻會給人帶來莫大壓力的姑媽。不管我們怎麼逃避，在某個地方必然會遇到「瘋子」，如果認為「我周圍的人不管是誰都非常好，應該不會有瘋子」，那麼說話的人就是瘋子。這話當然是開玩笑的，不過並非完全不會有那樣的狀況。就是因為這一點，才讓我們總是為了人際關係苦惱。不管男女老少，人際關係都是一輩子的苦惱。

所有痛苦都來自於人際關係

曾有個求職網站做過一項問卷調查，結果顯示有百分之八十九點二的受訪者表示「有時覺得職場生活很煎熬」，而其中讓人最難熬下去的第一名，不是工作內容，而是人際關係帶來的壓力（占百分之二十二點三）。除了職場，家庭中也有各種人際關係，身為精神科醫生，我在臨床上見過許多因此而感到痛苦的人。在我的YouTube頻道中的留言，也以與家人之間的問題占最多數。父母與子女的關係非常複雜，周圍的人無法了解，夫妻關係也一樣，還有兄弟姐妹之間的關係。從外表上看到的並不是全部，因為在家族固有的歷史中，長期存在像線團一樣交織在一起的各種經歷，所以對於家庭中的人際關係問題，與其輕率地提出建議，不如先仔細了解內情。

此外，前來尋求諮商的人當中有很多是學生，直覺會認為他們最大的壓力在於課業，但進一步談過後會意外地發現，在他們內心深處最沉重的壓力，通常是與朋友之間的關係，甚至會牽引出課業上的壓力。而且這個問題不只出現在國小、國中、高中的孩子身上，現在就連幼兒園的孩子在同儕關係中也有微妙的矛盾和苦惱。別以為孩子的一切必然單純，仔細地接近了解，會發現其實和大人沒什麼兩樣。

心裡越迫切就越困難，進退兩難的人際關係

「人際關係」顧名思義就是「人」與「人」之間的關係，但為什麼不分男女老少都覺得很困難呢？很多人常會陷入所謂人際關係的兩難境地，越是迫切地想建立好的人際關係，就越不順利。

人們對人際關係有個最常見的固有觀念，同時也是一種錯覺，就是認為只要自己好好做，人際關係就沒有問題。換句話說，很多人誤以為人際關係的好壞在於自己的努力。這時應該有人會反問：「為什麼說是錯覺呢？」

再回到我們在前面提及的「瘋子守恆定律」。或許用「瘋子」來形容有點誇張，如果更單純、更準確地表達，就是指「帶給你心理衝突的人」。回想一下在我們身邊有各式各樣的人，與我們的互動也各不相同。那些人看待我們的觀點，大致以七：二：一的比例分布，也就是十個人當中，我們會希望能有七個人喜歡自己，但事實上那七個人對你漠不關心，另外兩個討厭你，只有一個是真的喜歡

你。看到這裡可能有人覺得很沮喪，無法接受這樣分布的說法，「十個人中竟然只有一個人喜歡我！怎麼會……」、「十個人中有兩個人討厭我！我現在要怎麼辦啊？」應該會有這樣的感覺吧？

看起來這似乎是個悲劇，但是換個角度想，十個人中有七個人對你的關心程度並不像你所想的那麼大。也就是說，他們對你的好壞其實並不關心，所以你根本就不需要在意。這句話可以帶來希望，也能帶來絕望，但我想強調的是，我們可以換個角度想：「即使我不用竭盡全力，即使我把真實的自己自然展現出來，也至少會有一個人喜歡我！」

如果是對這句話感到絕望的人，不要質問「為什麼周圍的人對我漠不關心」或「為什麼只有一個人喜歡我」可以試著換個問法，把主詞換掉：

「為什麼我會因為人們不關心我而感到絕望？」

「為什麼我不想承認有人討厭我？」

把焦點放在自己的心來提出問題是非常重要的，這樣才能接近內在產生衝突的核心部位。

給自己的心理學小蛋糕 01

換掉主詞再問問自己：

「為什麼周圍的人對我漠不關心？」

↓「為什麼我會因為人們不關心我而感到絕望？」

「為什麼只有一個人喜歡我？」

↓「為什麼我不想承認有人討厭我？」

02 突然變得敏感，是內心發出的信號

人格面具

我以「奶爸」的暱稱在社群網站活動了十年，算是有點小小的知名度，因此帶孩子去游泳池或公園遊樂場時，經常會被其他媽媽們認出來。不過比起當場直接和我打招呼，更多人是在事後到社群網站貼文說：「剛才在○○看到了『奶爸』本人呢！」每當我看到這樣的內容時，老實說感覺很不安，因為心裡會一直想：「剛才到底看到了什麼，當時我又在做什麼？該不會正好看到我在兇孩子吧？」雖然是「奶爸」，但我擔心會不會讓人看到覺得我做出的行為跟我的暱稱不符，因此每

當去到人多的地方時我就更加小心，努力展現出一個和孩子們玩得很開心的奶爸模樣。

那麼，我是個虛偽的爸爸嗎？我個人並不這樣想。我愛孩子，盡心盡力給孩子最好的，這很明確就是我的真心。但是，這並非我的全部。我也是人，也會有想對孩子發脾氣的時候；當我疲憊不堪時，也會有不想竭盡全力的時候。然而，因為意識到有人會認出我，他們對我有期待，所以自然而然會努力表現出符合「我」的樣子給別人看。這在心理學上叫做「人格面具」，也被稱為社會人格或外在人格。這是人擁有的多種人格之一，與社會的集體潛意識、社會成員默許的價值觀或規範，以及職業或職責也有關係。

緊張，就像把心當成氣球一樣吹得鼓鼓的

「人格面具」的語源「Persona」，最初的意思是指古希臘時代舞臺劇裡使用

的面具，同一個演員可以戴上不同的面具。演員戴上不同面具演出不同角色是理所當然的事，沒有人會覺得虛偽而辱罵他們，反而會稱讚那些為了演好自己的角色，戴上面具展現逼真演技的演員。這一點演員和觀眾都有共識。但在現實生活中是怎樣呢？大多數人在看待他人時，會把對方的人格面具，也就是社會化的人格，和那個人原本的人格畫上等號，甚至對自己也一樣，如果別人看到的樣子和本來的自己不一樣，就會莫名陷入自責。因此，老師要有像老師的人格，父母要有像父母的人格，必須表現得特別成熟。當然，努力擁有符合職業性質的人格面具這一點沒有問題，在這裡所謂讓自己「像……一樣」並不代表偽善，而是真的努力。但問題是，很多人到最後往往變成追求原本的人格要和人格面具完全一致，一天二十四小時，一直都承受著自己應該成為「那種人」的壓力，自我折磨，到最後就會生病。

在某件事情上費盡心思會讓人非常緊張，這種緊張就像把心當成氣球一樣吹得鼓鼓的。像氣球一樣膨脹到緊繃的心，如果被針刺了一下會怎麼樣呢？隨著氣球爆炸，壓抑在裡面的情緒也會一舉爆發。

很多媽媽都會有這種壓迫感。一心想成為好媽媽，但總是埋怨孩子，總是對孩子發飆，事後又感到很愧疚。這時如果不會看狀況的丈夫開玩笑地說：「每天都對孩子發飆，妳確定是孩子的媽沒錯嗎？」那麼聽者的心情會如何？當下一定會很生氣，所以對丈夫惡言相向，然後又自覺反應太敏感而變得畏縮，最後陷入憂鬱之中。

如果讀者也遇過這種狀況，可以反過來想，不要把焦點放在別人在刺激你，而是想想你的心是否處於很容易被刺激的狀態。如果心已經膨脹得像灌飽氣的氣球一樣，哪怕只是一句玩笑話，也會出現攻擊性的反應。

消除灌入內心的氣

現在應該可以理解因人格面具而讓心情陷入緊張狀態的機制了吧？下次當你

覺得「最近變得異常敏感，就算一句沒有什麼特別意義的話，也會很在意」時，就把它當作是一種心靈發出的信號。

「不知不覺間，我為了讓自己符合社會化的人格面具而竭盡全力生活，甚至讓我的心變得像氣球一樣膨脹緊繃，所以才會覺得壓力很大啊。」

我們要了解內心深處的想法，不過大部分的人往往卻是相反的解讀：「我還是有些做得不夠的地方」、「想要成為符合自己理想的人，我就要更加努力」。原本應該把膨脹的氣球裡的氣放掉一些，卻反過來又再往裡頭灌氣，一直這樣下去，最後會怎麼樣呢？氣球應該會爆炸吧。爆炸之後，疲憊感一舉爆發而充滿倦怠，或者表現出完全相反的面貌，成了「人前人後兩個樣」。就像一些人人讚譽有加的政治家卻在背後做壞事，或是像給人正派形象的僧人、牧師、老師，實際上卻做出完全不相符的惡行，這都與人格面具的心理機制有關。又例如在外人眼中疼愛孩子的媽媽，在家裡卻是家庭暴力的加害者。其實類似事件我們每天都可以在各種新聞中看到。

戴上面具履行職責

那應該怎樣做才好？難道要把人格面具拋開，完全隨心所欲而活嗎？但是那樣的社會是無法存續的，人際關係也無法維持。我們首先要理解的是，任何人都有社會化的人格面具，同時要清楚明白，那個人格面具並不是最終的自己，而是履行某種職責的手段。換句話說，我們無須努力讓自己與人格面具完全一致。

重點就是要承認你也有屬於人性那一面的缺點或失誤，那都是你原本的樣子，且不吝於展示，只有這樣，別人才不會對你施加過高的道德標準。在這樣的狀態下，表現出自己為了符合人們期待的形象而努力的樣子就行了，就像真的戴上面具一樣。這裡所說的「面具」，不是為了欺騙而戴的面具。可以想成就像演員扮演不同的角色，你也是為了履行不同的職責而戴上某個角色的面具。說到戴上面具，難免會讓人感覺像成了詐騙犯，會覺得心虛。但諷刺的是，人的內心越是能明確區分自己的本性和職責，到最後感覺會越自在。因為這樣帶給心理的壓力沒那麼大，在理想的自我形象和實際的自我形象之間比較感覺不到差距，反而會降低虛偽的機率。心理趨於穩定，更能以平常心履行所扮演的角色，對自己和別人也會寬容以待。

有些人格面具的形象太強，所以大眾對他們的期待值也會變得很高，就會經常被指責，最具代表性的就是藝人，藝人只要發生一點小事件，就必須受到人們放大檢視，引來強烈譴責。越是擁有善良、優秀形象的藝人，影響就越大。還有像政治人物必須百分之百只為國民工作、醫生應該以患者為優先、教師對待學生要比對自己付出更多、宗教領袖必須要像聖人君子一樣、母親應該為孩子而犧牲……這些都是集體潛意識中代表性的人格面具。但是，現實中真的有這樣完美地依照人格面具形象而生活的人嗎？幾乎不可能。人類並沒有那麼優秀，而承認人不完美這一點，對我們的人生才是有幫助的。如果現在舉行聽證會，那麼我們所有人都會受到嚴格的檢視。因此，無論是對自己還是對別人，都不要用百分之百的完美尺度衡量，這才是讓自己心靈自在的路。

給自己的心理學小蛋糕 02

注意內心發出的信號。

即使不是什麼特別的話，但還是很在意時，就把它當作是心靈發出的信號吧。

「原來在不知不覺中，我為了迎合社會的人格面具而耗盡全力生活，甚至讓自己的心變得像氣球一樣膨脹緊繃，所以才會覺得壓力很大啊。」

03 性格有可能會改變嗎？

社交性格真的就是自己的性格嗎？

三十多歲的俊浩這半年來不管做什麼事都很容易煩躁，工作又不順利，實在太痛苦了，於是來到我這裡尋求幫助。

剛開始，我推測他主要出現了欲望低下和工作能力下降的典型男性憂鬱症狀，但是經過持續面談後，根本的原因逐漸浮出水面。俊浩的性格外向，進取心強，大學時期在社團中擔任領導人物，每天都過得忙碌又充實，是個既亮眼又很有存在感的「中心人物」。俊浩對自己的這種形象非常自豪，但是一向積極的他也有不為人知的苦惱，他不知道別人眼中的自己，是否就是自己真正的樣子。

俊浩從小就常常聽到大人說：「男孩子要強悍、要有自信！」但實際上他感情豐富，也很愛哭，只要流淚或表現出軟弱的樣子時，就會被父親訓斥「不管什麼事都要表現積極，努力站出來」或「凡事應該要主動」，這種話他早已聽得耳朵都快爛了。所以他從小就一直努力成為這樣的人，但是這樣的自己在進入職場後卻開始覺得越來越不自在。

大學時俊浩在人群中總是備受關注，經常被安排擔任領導者的角色，他也因此而充滿自信，但在進入職場之後，他成了一個一無所知的菜鳥，工作能力在同期進公司的人當中並不算很突出，也就沒有特別受到關注。如此一來，他的自信心越來越弱，內心也越來越退縮，慢慢地不想和同事們往來，即使偶爾聚餐，也擔心自己的心情會被發現，所以總是繃緊神經，回到家就變得筋疲力盡。久而久之，他開始懷疑或許如今在公司的樣子才是真正的自己，大學時代的俊浩是捏造出來的。

後來有個機會與大學社團好友們聚會，神奇的是，在聚會中，俊浩很自然地恢復像大學時期一樣活潑。他彷彿找回了自己大大方方、被眾人關注的模樣，覺得很滿足，但同時又有些自慚形穢：「我怎麼會變成這個樣子？」過去在人群中總是焦點的自己，現在為什麼變成凡事小心翼翼、安靜低調的人？「啊，我的真實面貌到底是什麼樣子？」俊浩深深陷入苦惱中。

希望別人看見的形象

在從事諮商工作的過程中，我遇見過很多像俊浩那樣的人。從青少年到二十、三十、四十歲以上都有，可見真的非常多人在內心深處都有這類的苦惱。這些人會在不同的年齡層或群體中表現出完全不一樣的面貌，到最後，往往不知道哪個才是真正的自己。

有人和朋友在一起時總是很活躍，社交性很強，但是在家裡卻鮮少與家人說話，格外安靜，這或許是無法與家人溝通或覺得不舒服，也可能是因為在朋友之間已經塑造了某種角色個性，所以就一直維持下去。相反地，也有人在職場中工作盡心盡力，一板一眼的性格讓別人覺得冷漠，但回到家裡卻與家人相處融洽，感情很親密。在人際關係中，每個人各自追求的形象、想要展現的形象、希望讓別人看到的形象，這些也是人格面具。

想看起來像個積極的人。
想看起來像個心胸寬廣、瀟灑的人。
想看起來像個幽默的人。
想看起來像個博學多識的人。
想看起來像個心地善良的人。

實際上，我們原本的樣子與社會化的人格面具不會完全一致。我們有可能在很多人一起出現的聚會上表現出社交能力強、活潑的樣子，但是和少數朋友在一起時，卻是完全不同的安靜、內向，這是非常自然的事，因為從某種角度來說，每個人都具有多重人格。

「在我心裡有太多的我」

韓國有首歌叫做〈荊棘樹〉，第一句歌詞是「在我心裡有太多的我」，我覺得這句歌詞正好完美表達了人的心理。實際上，在我們內心深處都有很多個自我，以最近的流行語來表現，就是「多重人格」，但這與病理學上的多重人格障礙，也就是「解離性身分障礙」（dissociative identity disorder）是完全不同的概念。解離性身分障礙患者，通常不記得在不同的人格中經歷過的事情。不過，雖然稱不上是病理學上的多重人格，但我們每個人都有多重社會人格面具。如果我們明確地認知到這一點，並了解在什麼情況下自己會展現出什麼樣的面貌，基本上就不會有問題，越勉強自己只能變成某一種樣子，反而越會感到壓力和混亂。

如果你也像俊浩一樣，由於過去和現在的自己明顯不一樣而感到混亂的話，我的建議是先觀察自己在各種不同情況下的行為。從「所有行為都有理由」這個前提出發，回顧自己的行為模式，就能看見你在各種狀況中不知不覺設定的人格面具。

以我來說，其實我也有各種人格面具，光是在不同社群網站上所呈現的面貌就很不一樣。在YouTube頻道中，為了不失身為精神科醫生的身分，我會不自覺展現出專業、穩重的一面，看到訂閱者肯定的反應，我的這種人格面具就會進一步強化；在Instagram上，則是親切、開朗、現實生活中的奶爸面貌，而同樣地，這也是追蹤我的粉絲所喜歡的樣子；而在主要由線下人際關係延伸的Facebook專頁中，就會出現較犀利的一面，批判各種議題。

就是這樣，每個人都會根據社會化的狀況擁有不同的人格面具。如果你也像俊浩一樣對自己產生懷疑，不要急著追究「我的性格怎麼變得這麼奇怪」，而是先問問自己：

「我為什麼不喜歡自己安靜的樣子？」

「我為什麼只想給別人看到活潑的一面？」

「我為什麼覺得應該自始至終追求單一的面貌？」

每個人的身上都有各式各樣的面貌，也正是因為這樣才更有人情味。雖然我們擁有許多種面貌，但依照不同的情況，有時我們某些部分的樣子會更突出。我們要能看見自己內在的各種面貌，這樣才有助於全方面認識自己，更重要的是，在群體社會中形成各種關係時，才能安適自在，坦坦蕩蕩。

給自己的心理學小蛋糕 03

對自己的不同性格感到懷疑時，不妨想想：

「我為什麼不喜歡自己安靜的樣子？」

「我為什麼只想給別人看到活潑的一面？」

「我為什麼覺得應該自始至終追求單一的面貌？」

04 為什麼對一點小事也會暴躁和生氣？

為什麼會對愛炫耀自己的朋友生氣？

二十多歲的珍雅因為同事美英而苦惱。她們兩個同期進入公司，年齡也一樣，所以一開始就成了好朋友，即使下班後也經常透過通訊軟體聊天，在社群網站上也互相關注。但是，隨著關係越來越熟悉，珍雅的心裡卻開始變得有些不舒服，因為她發現美英經常炫耀自己。

美英時不時就會在自己的 Instagram 上炫耀最新款的衣服或包包；去時下最紅的網美咖啡店也一定會打卡發文。貼文下面的留言大部分都是羨慕的內容，美英似乎也很享受這些反應。仔細回想，美英在公司裡也隱隱散發炫耀自己的意味，明明是兩人一起合作的結果，美英卻到處張揚，說得好像是她一個人完成似的。珍雅把一切都看在眼裡，卻沒有表露出什麼，因為在公司裡除了美英之外也沒有其他比較親近的同事。只是不知為什麼，珍雅的心裡還是不由自主地感到鬱悶和痛苦。

一觸即發的感情

在人際關係中，我們有時會不知不覺間突然變得很敏感，尤其是發現對方的某個點讓自己特別反感時。大多數人在這種時候都會怪罪對方，但即便如此也沒有什麼變化，因為我們不可能改變對方。要改變自己都很難了，怎麼能改變別人呢。那該怎麼辦？討厭在公司裡看到那個人，難道要辭職嗎？此時，先別急著草率地尋求解決方案，好好觀察自己的內心，回到家不要只窩在被子裡生悶氣，請冷靜地問問自己：

「我確實變得特別敏感，但為什麼會這樣呢？」

「我為什麼特別討厭愛炫耀自己的人？」

觀察對方的哪些話語、行為、表情和情緒很傷人，接著再想想為什麼自己唯獨對那些有強烈反應。我們的內心擁有許多種面貌，其中有一種是和你的人格面具（即你所希望呈現的樣子）相反的自卑情結，也就是說，我們很多時候其實與自己希望呈現的樣子（人格面具）相反。

例如，希望在別人眼中是個不容小覷的人，實際在內心裡隱藏的是「別人似乎都覺得我很好打發」，而且這種心情通常不想被別人發現；或是認為自己「什麼都不會」，這與其說是客觀的評價，倒不如說是相對的概念，也就是自己主觀的想法。

「我真的什麼都不會。好想把這樣的一面隱藏起來，不要被其他人發現。」當這樣的想法深入心底，在與人們建立關係時，往往會太在意對方而處於緊張狀態。但是某一天，當自己想隱藏的部分被觸碰到會怎麼樣呢？對方可能只是無心隨口說的話，卻會讓我們無法控制自己的情緒，輕輕一碰就爆發。

莫名看某人不順眼，其實都是有理由的

每個人都有特別不喜歡的類型，因為與自己不合拍，所以不喜歡那個人。在那些人當中，有些你雖然不喜歡，彼此還是能維持不錯的關係，有些則是說什麼都相處不來，如果長時間和後者在一起，不只心情會變壞，還會因為一點小事起爭執，甚至不跟其他人抱怨就不痛快。

你會有這些感覺並不奇怪，都是很正常的反應。但是這種時候，不要把注意力過分集中在討厭那個人到了什麼程度，而是要去思考自己討厭的是什麼類型。

想想看，現在讓你感到不舒服的人和你過去討厭的人有沒有什麼共同點。

自以為高人一等，總是狗眼看人低的人；輕視他人，對別人冷嘲熱諷的人；無禮之人；傷害了我卻裝作若無其事的人；自私自利的人；堅持己見的人；嘴巴不牢靠的人；不尊重他人，只顧著表達自己意見的人；為謀取私利厚顏無恥的人；虛榮心強烈的人；沒有邏輯、不講道理的人；缺乏關懷心的人；總是求關注的人；只看外表的人……

像這樣，找出自己厭惡的具體類型。與此同時，也要明白厭惡因人而異。如果你不喜歡的類型在一百個人當中也是人人討厭，那個人有可能真的是個怪人；但也有很多時候，你覺得受不了而向第三者抱怨，卻發現別人其實並不討厭他，甚至其他人可能還蠻喜歡他的。這時，我們的內心往往會感到混亂，別人都不覺得怎麼樣，唯獨自己討厭那個人，「啊，難不成我才是怪人嗎……」，心裡不免這樣懷疑自己，還會有孤寂的感覺。然而，這個瞬間非常重要，因為這正是與自己的潛意識相遇的時候。

一直以來，你都把焦點放在別人身上，現在突然要你面對自己的潛意識，到底是什麼意思呢？實際上，前面所提到的特質，並非全都是別人的事，很多時候是你內心的某部分，只是因為太討厭了，所以一直壓抑著，深埋在內心最深層而已。這在心理學中叫做「陰影」（shadow，也叫做自我陰影）。

討厭就是討厭，為什麼會讓人痛苦？自己的生活就已經夠忙了，何必管別人怎麼樣，只要不在意就好，為什麼還是這麼煎熬？如果他人的一舉一動都讓你感到不舒服，那就不只是那個人的問題了。

遇到這種時候，要盡量把那個人讓你討厭的特質客觀化，你會發現實際上有很多中立的觀點。舉例來說，因為非常討厭「虛榮的人」，所以也不容許自己有任何「虛榮心」。但是每個人或多或少都有虛榮心，重點應該是不要太過分。自私的人、喜歡被關注的人、在意外貌的人也一樣，或許那些特質並不可取，但也不需要過度放大檢視，站在中立的觀點就好。

每個人的價值觀和優先順序都不同，為什麼唯獨某一點令你難以忍受？那是因為被壓抑在內心深處的「萎縮的自我」，也就是陰影在作祟。

簡單來說，珍雅非常討厭美英愛炫耀的特質，但她內心深處其實也有想要炫耀的心情，只是被強忍住並將這種心情埋藏到陰影中，每當看到毫無顧忌炫耀自己的美英時，長期被珍雅壓抑在內心深處的自我陰影就會浮出意識之外，讓她感到不高興。

給自己的心理學小蛋糕04

非常討厭一個人的某個特質時，不妨想想：

「我為什麼會變得這麼敏感？」

「我為什麼特別討厭愛炫耀自己的人？」

05 指責對方的真正理由

內心深處的陰影

那麼，我們為什麼要如此壓抑，甚至把某些特質深埋到內心深處呢？這通常與成長過程或朋友關係中經歷的事件有關，例如小時候因為自以為是，在朋友之間被孤立，或者每次自我誇耀時，總是被父母嚴厲指責制止，所以長大之後每當發生類似狀況，都會不由自主地抑制想要炫耀的心情。

在造成人們過度壓抑而痛苦不堪的理由中，最常見的是「不想給別人添麻煩」。這樣想的人真的很多，你身旁大概也有過度在意這件事而活得小心翼翼的人吧。因為不想打擾別人，久而久之習慣吃虧，有苦也都往肚子裡吞，這樣的人往往會消耗更多能量。實際上，人際關係本來就會給彼此帶來些許不便。諸如此類深藏在內心深處的陰影，會對生活造成巨大影響。

陰影也會與每個人獨有的性格相結合，因此即使兩個人發生過同樣的事，也可能出現完全相反的反應。舉例來說，某兩個人小時候都曾因提出自己的主張而被父母訓斥，但是長大後，一個人非常討厭那些堅持自我主張的人，另一個人則是討厭沒有主見、凡事都聽別人意見的人。也就是說，即使擁有相同經歷，仍會因個人性格差異而影響內在產生的陰影。

指責可以得到什麼？

繼續來聊聊陰影。大家都知道陰影是光線照射下陰暗的部分，越暗就越看不清楚，在心理學上也一樣，陰影屬於人的潛意識，所以就算你想見一見自己內在的陰影，也沒那麼簡單。聽到「你不喜歡那個人的特質，其實就是你自己的內在陰影」這句話，老實說大多數人都無法理解，就算理解了也很難進一步承認，甚至很可能會引起反感：「我討厭的特質竟然是我的內在陰影？真是太荒唐了！」但這是很重要的事實，唯有正確認識在我們潛意識深處的陰影，才能迎接新的人生。而在這個過程中，能夠提供決定性契機的就是人際關係。如果在身邊有讓你產生強烈反感的人，不如試著想想看：

「我為什麼會對他這麼反感？」

順著你的心走，特別是某人讓你太生氣而想指責的時刻，不妨想想：「這樣指責別人，對我有什麼好處呢？反而只會破壞關係，讓生活變得更痛苦罷了。」話雖如此，由於某種程度來說還是有心理上的好處，所以我們會去指責別人。那些瞬間究竟會帶來什麼好處呢？那就是「我不是那樣的人」這種自我良好的感覺。

藉由指責別人讓自己不舒服、看不順眼的特質，我們證明自己不是那樣的人，並且因為內心的衝突消失而感到安心。問題是，你在那些時刻感受到的安心只是暫時的，事實上根本無濟於事，反而會離真正的自我陰影更遠。

只有透過別人才能知道的自我陰影

自己一個人無法看清自我陰影，只有透過別人才能看到。因此人際關係是關鍵，而此時正是名為「投射」的防衛機制發揮作用的地方。想想投射的原理，從投影機上投射，就可以在螢幕上看到圖片。人際關係中的投射也是同樣的邏輯，把自己內心不舒服的點，投射到人際關係中，就會變成是別人的。我們的內在陰影不僅可以透過不喜歡的人發現，也能夠從喜歡的人身上找到。有時候我們會特別喜歡某個人，只要看到他就想誇獎，因為太喜歡對方了，什麼事都想依著他。這可能是因為對方有某種性格、氣質、社會背景、職業是你所嚮往的，例如很喜歡和會說話、交友廣闊的人相處，或是和會唸書的朋友變得親近。這些強烈吸引你的特質可能就是你的內在陰影。無論是對消極性格的自卑感，還是對學習或學歷的複雜心情，都會透過這種方式不自覺地表現出來。

討厭的人是自我陰影？

理解了自我陰影是什麼以後，現在回來看珍雅的故事。她該怎麼辦呢？對珍雅來說，總是不吝於炫耀自己的美英可能是她的內在陰影。看到這樣的美英，珍雅覺得很痛苦，想著也許自己辭職就沒事了。

然而，只要碰到像美英這樣觸發內在負面陰影的人就辭職、絕交、不相往來，心裡是否就能平靜下來呢？正如前面所提到的，這些都只是權宜之計，即使換了公司，十有八九還是會再遇到像美英那樣的同事。

老是逃避討厭的人，事實上問題並沒有解決，反而會讓人際關係越來越萎縮，自信心逐漸低落。同時，這種方法只是一直退守到安全的位置，這樣不管做什麼事都很難成功。所以珍雅應該要先意識到一個重點，就是美英讓她討厭的特質，與她自己的內在陰影有關。正在閱讀這篇文章的讀者也可以想想看，平時很討厭的人（或非常喜歡的人）的特質，有哪些與你的內在陰影有關。

看到這裡你有什麼感覺？因為是以前完全沒有想到的領域，或許有人會感到驚慌，甚至會覺得生氣。但不管是什麼感覺，都是讓我們進入自我潛意識中窺探深處的信號，是很自然並有價值的。

不過，就算意識到自我陰影，也不代表你會馬上改變。如果能持續感受並接受自己的行為和心理狀態，久而久之就會感到內在的整合。隨著這種經驗不斷累積，你會變得更冷靜、更堅強，即使遇到觸發自己內在陰影的人，也能從容應對。

給自己的心理學小蛋糕 05

想要指責某人時先想想：

那些瞬間究竟會帶來什麼好處呢？

那就是「我不是那樣的人」這種自我良好的感覺。

藉由指責別人讓自己不舒服、看不順眼的特質，我們證明自己不是

那樣的人，並且因為內心的衝突消失而感到安心。

06 不管是誰都想依靠

因為感情豐富而疲憊不堪的她

三十出頭的希羅感情很豐富，這在外人眼中看來似乎很好，但事實上煩惱反而更多。因為在人際關係，特別是戀人關係上，付出的感情更多，很容易就成了總是糾纏的一方，即使會受傷，也因為害怕對方離開自己，所以習慣隱忍。忍到最後也會受不了而爆發，但到頭來還是怪罪自己，向對方道歉，繼續維持關係，如此反覆。朋友們都看不下去，紛紛勸她趕快果斷分手，但對她來說並不容易。其實她的這種特質，不僅是戀人關係，在朋友關係上也是一樣的。因為擔心老實表達自己的想法會讓關係疏遠，所以寧可安靜地聽從別人的意見，然後回到家才自責：「我為什麼會這樣？」

然而，這樣的希羅有點不一樣了。在某個聚會中，她認識了秀妍，隨著兩人越來越親近，她認為自己獲得了人際關係中從未體驗過的感受，遇到了在精神上可以相互支持的人。

「雖然只是友情，但感覺關係卻比愛情更深。有生以來第一次有這種感覺，無法用語言表達，只能說秀妍是對我非常重要的人。」

兩人的性格與價值觀相似，在人際關係中都是容易受到傷害的一方。希羅和秀妍越聊越覺得兩人心有靈犀，到目前沒有其他人比秀妍更理解自己。

透過與秀妍的相處，希羅更加了解到自己一直以來都害怕向人們敞開心扉，但和秀妍在一起從來都不會感到不安，完全可以自在地表達內心想法，甚至比家人更能交流，也更能感受到安全感。在人際關係中苦惱了很久的問題，自從遇到秀妍後好像也迎刃而解了，心情也隨之變好，感覺一切充滿希望，做什麼事似乎都很順利。

然而不久後，她心裡又萌發新的煩惱，因為秀妍是很重要的朋友，希羅開始擔心發生衝突會影響兩人的關係。

「因為是非常珍貴的朋友，所以想好好維持關係，可是如果彼此溝通出現問題，該怎麼辦呢？我覺得很難再遇到像她這樣的朋友，要是發生什麼事而疏遠，我真的會很難過。」

為什麼即使成為弱勢的一方也要維持關係？

希羅為什麼會有這種煩惱呢？不管對同性還是異性，當彼此的關係中斷時，她都會感到非常痛苦。因為害怕那種痛苦，她總是努力維持關係。努力維持人際關係這點並沒有問題，但她總是委屈自己處在弱勢的位置。

為什麼希羅要把關係延續到讓自己成為弱勢的一方呢？其實在人際關係中，不管是愛情還是友情，有凝聚就會有疏遠，也可能會暫時斷絕關係，這些都是在人際關係中發展的自然過程。因為溝通不順暢而產生小誤會或暫時保持距離，這些狀況不管關係多親密都有可能會發生，但是希羅無法坦然接受。

當她感覺自己將要變得孤獨時，就會產生無法控制的恐懼感，而這種情緒也會原原本本地傳遞給其他人。其實，如果感覺到對方有點疏遠的意思，可以嘗試自然地溝通，努力化解誤會，但是希羅並不擅長處理這種狀況，她不知道該抱持著什麼樣的心態。當她向其他朋友吐露時，就會聽到朋友勸她：「不要想太多，放寬心吧。」她雖然也想那樣做，但就是做不到，她一直苦惱著到底該如何下定決心。

那個人到底是哪一點吸引自己？

其實希羅需要的不是決心，而是關注自己的情緒為什麼會如此不安和迷惘。她要好好觀察心靈的根源。雖然想和秀妍維持良好關係，但更重要的是自己的心。不管是秀妍還是他人，若只是一直在意對方如何看待自己，問題就無法解決。不要只想著：「他會怎麼看我？如果他討厭我該怎麼辦？」真正該仔細觀察的是自己如何看待對方，在與對方相處的時候，自己的心在不知不覺中是如何流動的。

「那個人的哪一點吸引了我？」

「我為什麼就算受傷害也想得到那個人的關注？」

希羅渴望與他人建立很親近的關係。每個人渴望愛的程度不同，希羅天生就擁有渴望愛的特質，卻從小就無法得到足夠的愛，造成長大成人後還是持續渴望愛，而且為了得到愛，希羅在成長過程中極度服從父母，養成了凡事迎合對方的性格。原本每個人在成長過程中都會與父母發生大大小小的衝突，再從中創造屬於自己的世界，但是因為渴望愛，希羅盡力避免衝突，即使父母強迫自己做不喜歡的事，也會為了得到愛而盡最大努力配合。對她來說，只有放棄自我的主張，按照指示去做，才能得到父母的情感支持。如果希羅可以了解自己的心理脈絡，就會更容易理解自己。

自己為什麼那麼渴望被愛？

那麼，讓我們更深入地了解希羅小時候和父母的關係。她從小很依賴母親，但是母親並沒有給予同等的回應。希羅的父親原本就是獨善其身的性格，母親因為父親而承受了不小的壓力，那種壓力不知不覺反映在對女兒希羅的態度上，不管希羅如何撒嬌和示好，母親的反應都很冷淡，讓希羅感到很挫折。最後，希羅能選擇的只有好好聽父母的話，因此她在青春期並未像其他同齡的孩子一樣與父母發生衝突。從表面上看起來似乎關係不錯，但是深入了解後會發現完全不是那麼回事。希羅常常莫名覺得無力，同時總是感到不安，深怕被拋棄變成孤獨一人。長期的無力感和不安感，變成了希羅的基本情緒。

為了減輕無力感和不安感，她在成長過程中讓自己成為人際關係裡弱勢的一方，凡事總是以他人為主、迎合對方，即使被傷害、被剝削，也因為擔心破壞關係而選擇隱忍。

現在希羅與秀妍之間也出現了同樣的問題。其實自然地接受這個過程就沒問題了，但希羅內心深處的不安感卻讓她陷入了擔憂和焦慮。這個時候，希羅只要讓自己的情緒按照當下的狀態自然流淌就好，但這對迫切渴望情感親密的她卻很難。因為那份迫切感，所以總是提前努力避免衝突，才會不斷煩惱：「要怎樣才能和那個人完美自然地相處？」、「我到底應該具備什麼樣的心態？」有這些苦惱，就代表內心本身存在著負擔、不自在。

如果讀者們對希羅的故事產生共鳴，相信你也會看見自己內心那些糾結不已的關係。請先想想為什麼自己如此迫切地希望被理解吧。從這裡起步，問題就會開始獲得解決。

絕不要隱藏或偽裝自己細微的情緒

從另一方面來看，有的人可能會抗拒以這種方式回顧童年並觀察心理脈絡，只想專心解決眼前的問題，不想把事情變得太複雜。如果有這種心情也沒關係，會產生排斥感自有個人的理由，但這同時也是一種信號，說明了你在情感方面確實很辛苦。

這種時候，先別急著分析自己哪裡出了問題，不如就完全接受在當下別無選擇的自己。至少還有你站在自己這邊，努力試著理解自己。

「我沒有做錯。」

「我現在會覺得生氣是很自然的反應。」

「我現在感到失落也是理所當然的。」

儘管支持自己並不容易，但即使不順利也要勇於嘗試，這才是最重要的。既然你站在自己這邊，接下來就試著對抗你的慣有行為模式吧。

以希羅為例，現在她和秀妍關係很好，但是日後必然會發生大大小小的衝突，例如秀妍無意中說的話讓希羅受到傷害，或是沒什麼特別意思的舉動卻讓希羅有失落感。這種時候就很容易自動落入慣有的行為模式中，因此我們必須採取行動來對抗這些行為。

這代表希羅不應該因為不想失去秀妍而無條件掩蓋衝突的火花，或是表面裝作若無其事，內心卻不是這樣想。在某些方面來看，這似乎也沒什麼大不了的，但事實並非如此，絕對不要隱藏或偽裝自己細微的情緒。在這種情況下，希羅應該尋找合適的方法向秀妍傳達自己的真實感受。要是太晚反應，可能會讓情況更尷尬或更難開口，因此經常回顧自己的行為模式並設定原則也是一種方法。

自己並不覺得有錯時就不要說抱歉。

心裡覺得難過，就不要裝作若無其事。

覺得「不應該是這樣」時，就要冷靜坦率地說出來。

你可以寫下來，作為行動時的參考。即使不能百分之百遵守也沒關係，在自己可以的情況下慢慢嘗試，一次、兩次、三次，當自己的身體熟悉了這樣的行為模式，就能感受到對方的反應也在發生變化。

給自己的心理學小蛋糕 06

即使成為弱勢的一方也要維持關係時，請這麼做：

一、冷靜思考對方哪一點吸引自己。
二、發現自己渴望的核心是什麼。
三、對自己說理解自己的話。
四、回顧過去是否因為擔心破壞關係而隱藏或偽裝自己。
五、要練習坦率說出心裡的真實感受。

PART 2

人際關係，實際上是與自己的關係

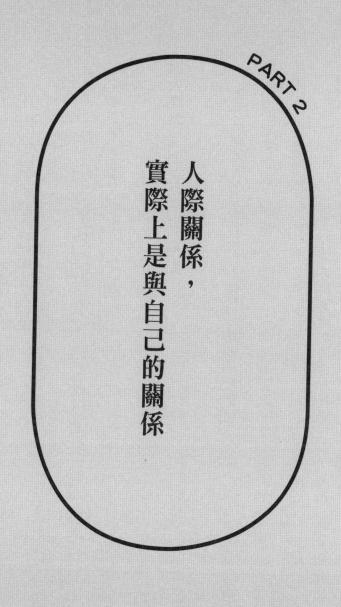

07 如果你現在感到很苦惱，也許是精力用錯地方了

因人際關係而苦惱的共同點

來找我進行諮商的個案中，雖然有許多是憂鬱症、恐慌症或自尊心低落的患者，但是總括來說，只要仔細觀察，就會發現問題的根源總是埋藏著對人際關係的苦惱。

在初期即使不明顯，但隨著諮商過程的進行，潛在的人際關係模式和由此而生的苦惱會慢慢地顯露出來。那些因為人際關係而陷入困境的人們，普遍有一個

共同點，就是期待值很高。這裡指的是對人際關係本身的期待，還有他人如何看待自己的期待。期待值越高，失望的機會越大，關係就很容易退縮。

仔細觀察那些因人際關係而痛苦的人，會發現他們大多希望周圍的人都能喜歡自己，所以總是非常努力。為了討好、迎合每個人而花費大把時間和精力，為了維持關係總是主動聯絡，時不時送小禮物。但是這種努力真的能使人際關係更順利嗎？很可惜，結果往往都不如預期。為什麼會這樣呢？因為人在潛意識中互相交流的能量很難平衡，不管多麼努力，世界上還是會有討厭你或讓你覺得不自在的人。

如果你現在也正因人際關係而感到疲憊不堪，也許應該想想你是否曾經試圖讓每一個人都喜歡自己，即使對方很奇怪（或個性差異很大）也不例外，所以很努力呢？然而，在錯誤的地方嘗試的次數越多，就會越受傷，處境會越艱難，最終讓自己滿身瘡痍。

人際關係無法完全隨心所欲

迫切希望周圍的人都能喜歡自己，在與人交往時會表現出什麼樣子呢？不難想像，通常會變得焦慮、緊張或執著，這種能量也會傳達給對方，反而造成對方的負擔。結果最害怕的情況發生了，對方還是成為「討厭我的人」。真是既諷刺又冤枉。因此我想強調，「人際關係的鑰匙並不在自己手中」。對於不想承認這點，追問「難道完全沒有掌握人際關係鑰匙的方法嗎？」的人，可以先問問自己：

「我為什麼想掌握人際關係的鑰匙？」

「我為什麼對人際關係如此執著？」

集中關注自己內心的想法對改善人際關係會有很大的幫助。仔細想想，人際關係是人與人的關係，你的人際關係就是你和他人的關係，所以不是你一個人可以掌握的。

我們和他人的關係在各方面都應該相互平衡，但是在人際關係上感到困難的人卻找不到這種平衡，總是會偏向某一邊。如果是你，會傾向哪個方向？換個方式問好了，你關注的焦點會是自己還是別人？越是因人際關係而痛苦的人，關注的焦點就越會集中在他人身上。

看到這裡你或許會想：「不對，這就奇怪了。只關心自己的人不是很自私，所以人際關係應該會不好才對啊……」實際上，一個徹底以自我為中心、只關心自己的人，對周圍的人怎麼看自己不感興趣，自然比較不會為了人際關係而困擾。反倒是過度關注他人的人會活得很痛苦，雖然從客觀上來看，他們的人際關係還算不錯，這些人卻認為自己人緣不好，因此感到沮喪。真的是進退兩難。的確，對人的心理越了解，越是容易進退兩難，越是求好心切，就越不順利；相反地，如果稍微放鬆一點，有時候反而會做得更好。

例如，高三學生在考試前一天決定「今晚一定要好好睡一覺」，但他真的睡得著嗎？很多人都有經驗，越想好好睡覺，就越會睡不好。相反地，如果心態放輕鬆，想著「明天也沒什麼大不了的，今晚睡得好不好都沒關係」反而很快就睡著了。所以，任何人際關係的先決條件，就是要接受事情不一定會如己所願。如果你是在人際關係中容易壓力過大的類型，請先照顧好自己的心，不妨思考一下，你是不是太在意那些根本就不怎麼樣、與你沒什麼關係、對你人生沒有太大影響的人，並且對任何事都小心翼翼呢？請記住，對方根本不在乎你，甚至不關心你，很多狀況都是自己在糾結。只要想通這一點，心情就會輕鬆很多。

給自己的心理學小蛋糕 07

人際關係和你期待的不同時，先問問自己：

「我為什麼想掌握人際關係的鑰匙？」

「我為什麼對人際關係如此執著？」

08 因為人際關係而反覆離職的人

在公司裡沒有可以交心的人

二十多歲的珠英才剛進公司一年就辭職了。雖然公司給的條件不錯，工作內容也還可以，但是她沒有可以交心的人。實際上，珠英大學畢業後陸陸續續換了五家公司，每次都因為同樣的問題沒待多久就辭職。這間公司是她就業後待最久的公司，最後還是因為同樣的問題離開，珠英不免有點自暴自棄。對於自己不是在工作業務上碰到瓶頸，而是因為人際關係才這麼痛苦，珠英非常失望。

珠英在職場內並沒有被霸凌或被上司嚴厲指責，相反地，同事們都覺得她很好，因此對她突然辭職感到不解。在同事們眼中，珠英看起來跟普通上班族沒什麼兩樣，在工作上也沒發生過什麼問題。但是對珠英來說並非如此。她是做事主動積極，別人不願意做的工作也會努力去做的類型，在她看來，同事們只會占她便宜，並沒有真正去理解她，每個人都只顧自己，沒有人傾聽她為什麼不開心。珠英也試過努力與人拉近距離，卻沒有得到相對的回應，因此覺得很孤單。她知道出了社會的生活和大學時期不一樣，但是沒有人可以提供意見，也沒有人與她分享日常生活中的瑣碎點滴，她覺得自己每天就像行屍走肉一樣上下班，人也變得憂鬱。

珠英覺得是自己的問題，所以她找了很多有關心理學的書籍閱讀，卻始終無法解決問題，最後乾脆辭職。但是因為這種理由就辭職好嗎？珠英以後應該怎麼做才好呢？

越渴望就越痛苦

首先，這個故事中最遺憾的，是珠英其實從頭到尾都未被公司同事拒絕過，那或許只是她的錯覺，而這種錯覺來自她對同事過多的期待。她期待在尋求意見時，能有個把她的事當作自己的事一樣挺身而出的前輩；她期待當自己默默做著別人都不想做的工作時，有個靜靜在一旁觀察一切暗中嘉許的上司；她期待當遇到困難時，有及時察覺並主動幫忙的同事。但這些理想中的前輩、上司、同事，在現實生活中有多少呢？在珠英眼中，他們都「只顧著自己的利益」，不管她工作多努力、主動接近別人釋出善意，他們也只關心自己的事，對她毫不在意。在這裡就會發現這個故事的關鍵，在珠英的腦海裡有著人際關係的理想面貌，因為太想達到而未能如願，所以對人們失望、對自己失望，陷入憂鬱的泥潭。在因人際關係而苦惱的人當中，很多人都和珠英一樣，渴望他人能符合自己理想的樣子。因為過於想要，所以會感到痛苦，而為了忘記痛苦，她最後抽出的牌是辭職，說穿了其實就是逃避。

因對方的視線而繃緊神經的人

和其他人的例子一樣，對珠英來說，當務之急是先了解自己為什麼變得那麼痛苦，要知道自己是什麼樣的人，為什麼人際關係會如此困難。理解自己的心是心理治療的第一步。不過即使知道了，心理狀態仍嚴重到反覆辭職的程度，那麼我建議還是尋求專業諮商的協助。

像珠英這種類型的人接受諮商時，普遍很聽從諮商師的意見，因為他們下意識會做出許多討好他人的行為，例如，比預約時間提早前來等待、態度恭敬，還不忘順道帶咖啡之類的飲料來。和他們在人際關係中的模式一樣，這些人對於「對方如何看待我」、「如果那個人討厭我怎麼辦」感到神經緊張，甚至害怕連諮商師都討厭自己、拒絕自己，因此很容易對諮商師的一舉一動賦予過多的意義。

看到諮商師在自己說話時撐著下巴，或背往後靠，稍微露出疲憊的神色，他們就會變得不安和陰沉。相反地，如果諮商師很專心聽自己說話，不安感就會消失。感情會因他人的反應而上下波動，是這種類型的特徵。珠英首先必須透過諮商輔導恢復自尊，並持續體驗被充分理解和受到尊重的經驗。

「你無法破壞我的心情。」

當然，諮商治療並不是聽取珠英的難處，然後無條件地支持她，諮商師會指出行為中惡性循環的模式，並建議她改善。這個時期既是危機也是轉機。對珠英來說，自己最害怕的情況（被指責、被討厭的感覺）又出現了，很可能從此拒絕進行諮商，再度選擇逃避，那麼長時間的諮商治療就前功盡棄了。「我果然還是做不到」、「像我這種人是沒有希望的」這類的想法會越來越嚴重，逃避的行為模式也會比以前更強。因此，在進行諮商治療時，諮商師會緩慢小心地接近，充分取得共鳴後，在深厚的信賴關係下，再進行行為模式的矯正。同時，珠英也必須要了解這是改善的機會並好好把握，否則不管有多少次機會來到眼前，都只是重蹈覆轍而已。重要的是不管對方的態度如何，都要提醒自己，「我有能力讓自己有更好的感受、更好的心情。」你可以對自己說：「情緒的鑰匙在我手上，並不是由別人掌握。」這也是一種自我安慰的方式。

「諮商師所指的是我長久以來的行為模式，而不是我這個人本身。」

「諮商師雖然否定我的想法，但並不是否定我這個人。」

「只有我能左右我的心情。」

「我不會被他人打壞心情。我的一天比什麼都珍貴。」

「沒有人知道也沒關係，只要我自己清楚明白就好。」

「我還有『我』這個朋友，我可以給自己勇氣。」

在情緒低落的時刻，像魔法師唸咒語一樣在心裡複誦替自己加油打氣的話語也能帶來很大的幫助。如果找到自己需要的咒語，請記得時時自我提醒。重複這個過程，你會感受到過去起伏不定的情緒曲線逐漸趨於穩定，也會慢慢看見自己和以往不同的面貌。

給自己的心理學小蛋糕 08

創造讓自己心情愉悅的咒語，並在必要時使用它們：

「我不會被他人打壞心情。我的一天比什麼都珍貴。」

「沒有人知道也沒關係，只要我自己清楚明白就好。」

「我還有『我』這個朋友，我可以給自己勇氣。」

09 無法忍受被指責的人

只要受到指責，就會在意一整天

三十多歲的素英每天在公司都覺得壓力很大，那種壓力並非來自工作本身，而是每當在公司感覺其他人好像在評論自己時，她就會渾身不自在。看到上司的表情不太高興，她就會莫名擔心：「我是不是做錯了什麼？他是不是討厭我？」素英認為自己的外在條件不比別人優秀，性格也不是非常開朗，工作上並非主導型人物，所以經常覺得別人不喜歡自己。

這天一到公司，組長就走過來，指出素英昨天上傳的報告書中有些錯誤，要求她修改後重新上傳。在那一瞬間，素英的臉一下子就感覺火辣辣的。她只覺得組長的聲音好大，整個辦公室的同事都知道自己出錯了。「啊……怎麼辦？真的好丟臉……」

整個上午，素英都不敢正眼看同事，也無法集中注意力工作。到了午休時間，看到三三兩兩聚在休息室聊天的同事，她莫名有種感覺，大家好像在討論她，一直很在意。平時不善與人相處，也不常主動與別人攀談，現在感覺大家對自己的印象更差了。於是素英把自己縮得更小，刻意避開大家。直到下班回到家，素英腦中仍不斷浮現上午被組長指責的場景，不管怎樣都會想到公司的事，心情也越來越沮喪，於是決定第二天請假不想去上班了。

人際關係的基本原則

沒有人喜歡被指責、評價、批評。當聽到對自己的負面評價或批評時，任誰都會覺得被冒犯了。但在我們的一生中，這些無時無刻都伴隨在我們左右。從幼兒園到大學的學生時期，到工作職場，甚至在家庭生活中，評價隨時都像影子一樣跟著我們。尤其是在初入學或剛進入職場時，老師、前輩和上司們都會努力將他們知道的知識或技能傳授給學生與後輩，這個過程中自然會有指責與批評，並不是刻意要折磨任何人。

然而，有些人很難忍受被別人指責，即使對方不是故意的，仍會過度將其視為對自己的惡意批評。當他們聽到不好的評價時，會整天情緒低落，無法專心做其他事。當再次受到傷害，他們很容易完全沉浸在對方就是討厭自己的念頭裡。這麼想的同時，對方也會受到影響，最後真的產生反感，造成人際關係的惡性循環。面對指責對他們來說非常困難，所以乾脆選擇逃避不去面對，然後從某個時刻開始，就變成了經常曠課或請假的人。

自尊，是你如何看待自己

為什麼對於別人的指責會如此敏感？這與我們的自尊有很大的關係。自尊感越低落的人，就越容易被別人的評價所左右。什麼是自尊？「無關乎別人如何看待你，而是你如何看待自己」，這是自尊的核心命題。如果你和素英一樣，因為組長的一句指責，心理就受到很大的打擊，一整天心情都不好，首先必須想想你對自己有多大的自信。得到肯定評價心情會很好，也會更加努力，自然會有好的成果。但是人生在世不會總是聽到好話，而且通常都是相反的狀況，如果每一次得到不好的評價就影響心情，一直充斥著負面想法，該做的事都無法集中精神去做，那可就糟了。這類型的人往往會陷入逃避傾向，很容易選擇放棄人際關係，認為與人打交道和接受評價實在太累，獨自一人的話就不會有這些痛苦。但這樣就能解決所有問題嗎？

與他人溝通並得到支持是人類的基本需求，如果陷入逃避傾向，滿足這種需求的機會就越來越少。另一方面，「人際關係能力」會隨著建立更多關係越來越進步，逃避只會錯失培養能力的機會。只有練習多與人相處，才能學到如何面對危機，擁有區分他人與自己性格是否相符的判斷力，逃避等於是拒絕了練習的機會。這樣一來，即使你真的遇到感興趣的對象，也會因為賦予對方小小的舉動過多的意義，結果再次出現過度期待又過度失望的狀況。

為什麼自己會成為這樣的人？

那該怎麼辦？怎樣才能在被指責時坦然地接受：「喔，我好像是那樣。」就算不能坦然接受，有沒有辦法可以減少傷害？這時我們要做的第一件事，就是問問自己：

「當我受到指責時，腦海裡第一個浮現的是什麼？」

素英因為上司的話而整天無心工作，肯定是有理由的。素英的記憶中或許埋藏著被拒絕後請求幫助卻再次被拒絕的經驗。如果童年時期不斷經歷這樣的事情，當然會成為對他人評價非常敏感的人。要是生性敏感的人碰到這種狀況，反應還會被放到最大。

當然，人的生活遠比我這樣簡單解釋的更廣闊、更複雜、更具體。素英的記憶裡應該有很多相關的情節，如果回想這些記憶，當時的情景就會重現，讓她心裡感到痛苦，因此只想逃避一切。

但是，想要改變逃避的行為模式，那是必經的路。如果覺得累可以休息一下再走，也可以稍微調整一下標準。當你找到了記憶中那個片段，請擁抱過去孤軍奮戰的自己，送上溫暖的話語。

「原來你過得這麼辛苦。現在沒事了，我可以理解你。我都明白。」

向過去的自己傳達共鳴的語言是第一個任務。接下來，要逐漸改掉逃避的習慣。就算是刻意，也要去撞擊那些一直以來逃避的情況，從現在開始正面承受那些情況帶來的不舒服，不妨這樣想：「反正受傷害也是不舒服，那麼正面迎擊後的不舒服又有什麼大不了的呢？」舉例來說，素英雖然很不想去公司，但就只是去上班而已，不要把焦點放在「怎樣才可以不被組長指責」，如果因此搞得神經緊張，反而會加重自己的壓力，同時這種壓力也會原封不動地傳達給組長。不要時時去在意組長的想法，專注在自己的工作上就好。如果你把重心放在自己身上，反而會感謝組長的指責。「即使昨天被組長指責，今天也要若無其事的上班。不要費盡心思去想如何彌補昨天的失誤，只要專心做好今天的工作。昨天的擔憂，在今天看來都沒有什麼大不了的。」如果可以這樣想，就能感受到昨天的苦惱逐漸消失。實際碰撞過後，你會發現情況並沒有想像中那麼嚴重。你必須親自體驗看看，而隨著經驗累積，你會發現自己逐漸擺脫了逃避的傾向。

給自己的心理學小蛋糕 09

對小時候痛苦的自己這樣說：

「（自己的名字或綽號）啊，原來你過得這麼辛苦。現在沒事了，我可以理解你。我都明白。」

10 因為怕受傷，所以逃避愛情的人

明明條件很不錯，卻始終無法擺脫單身的女子

二十多歲的熙善到現在還沒有交過男朋友。她有著人見人愛的外表，參加聚會總是成為人們關注的焦點，但只要有人主動表示好感，熙善就急著逃避。因為害怕無緣無故那樣做會傷害對方，她不會明確拒絕，只是很不自然地保持距離。

周圍的人都嘲笑熙善：「妳是不是眼光太高了，所以一直沒有交男朋友？」但她內心的感受並非如此。那些對熙善表達好感的男子們都有很不錯的條件，其中還不乏熙善原本就心儀的對象，只是每次她都不知怎麼的，明明心裡很高興，表

現出來的行動卻和她的心相反。即使是自己也有好感的對象，一旦表現出想進一步追求的意思，熙善就會莫名其妙地把自己的心凍起來。熙善無法理解自己到底為什麼會這樣，為什麼心裡想的和實際做的不一樣，這是戀愛恐懼症還是有其他原因？她真的很鬱悶。

不習慣被愛的人們

雖然想交異性朋友，但害怕受到傷害，所以提前逃避或切斷關係的人，心中通常有以下的想法：

我有這麼多缺點，誰會喜歡我呢？
如果有人拒絕我，我肯定是怪人。
像我這樣的人絕對不會成功。

如果人們覺得我沒用，那肯定是事實。
喜歡我的人一旦了解我，肯定會討厭我。
人生原本就是憂鬱的。
反正都會失敗，我何必費盡心思？

以上這些可以稱之為「認知扭曲」的想法，為什麼會在他們的心中堆積？即使實際上心裡不那樣想，一旦發生扭曲，就會做出與心中真實想法相反的行為。這會對人際關係還有生活的各個方面帶來負面影響。現在，我們來仔細看看其中最具代表性的認知扭曲。

＊如果人們覺得我沒有用，那肯定是事實。

業績至上的上班族，在工作不順利的時候，經常會在公司受到類似以下的言語壓力。

「你這樣還敢拿薪水，不覺得丟臉嗎？」
「自己的飯碗都顧不了了，還敢爭什麼權利？」

無論直接還是間接，受到來自上司或公司方面這樣的批評，自尊心強的人會產生反抗心理，自尊心弱、沒有自信的人則會選擇逃避，甚至會將對方說的話內化，開始把矛頭指向自己。

「是啊，我連這麼一點工作都無法好好完成，果然是個沒用的人。」
「我真是一點用處也沒有，實在對不起我的薪水。」

這樣反覆自責會發生什麼事？本來可以做好的工作都做不好，即使是小小的失誤也會神經緊張，工作能力當然也不會提升，然後就真的如上司所說，變成了一個沒用的人。這些話語簡直就像咒語一樣。

*喜歡我的人一旦了解我，肯定會討厭我。

有些人很難接受被誇獎或被喜歡，因為他們不習慣。就像吃過肉的人才知道肉的味道，被愛過、被尊重過的人才會知道那是什麼滋味。要是從來沒有得到愛、關心、尊重，當有人突然向自己表達那些情感時，就會不知道如何接受，甚至就連別人送的小禮物也會感到很有負擔。被指責時保護自己是一種能力，被愛時接受愛也是一種能力。然而對於習慣逃避、認知扭曲的人來說，過去並沒有太多機會可以發展這種能力。

所以他們無法接受別人喜歡自己、關心自己的事實，反而還會莫名擔心：「等到對方更了解我，說不定就會討厭我，跟我保持距離，甚至離開我。」如果心裡充滿這些想法會怎麼樣呢？言語、行動和眼神都會變得不自然，人際關係也會變得很尷尬。如果對方因為這種尷尬的氣氛而漸行漸遠，這些人更會深陷那些想法，認為自己的想法果然被證實了。這在心理學上叫做「確認偏誤」。

「看吧，我說的沒錯。不管是誰都一樣，大家都討厭我。」

接下來會怎麼樣呢？當另一個人走近時，想要徹底隱藏自己的想法會變得更強烈。「如果表現出真實的樣子，對方很可能又會離開我。」像這樣，逃避的傾向會變得更加堅定。

＊人生本來就是憂鬱的。

每個人都有基本的情緒和能量，有逃避傾向的人，基本情緒是「苦澀」和「憂鬱」，甚至在歡樂的情況下，他們也能從中發現「憂鬱」的部分，開始沒來由地擔心。這都是因為還不熟悉幸福的關係。其實，不只有用藥過量會成癮，太習慣憂鬱、憤怒、委屈的情緒時，也會像上癮那樣，即使處在真正開心的時刻也感受不到快樂。由於不管多麼歡樂的情緒都被憂鬱壓過去，他們的認知扭曲會再次得到強化。這樣一來，人生中不管喜怒哀樂都會變成憂鬱，讓人只想盡可能避免發生情緒波動的狀況，也讓逃避傾向變得更加強烈。

＊反正都會失敗，我何必費盡心思？

「不管多努力，我的人際關係都會以失敗收場。」這是典型的認知扭曲。人的一生中真的只存在失敗的關係嗎？只要仔細觀察，就會發現事實並非如此，那只不過是扭曲了自己的記憶，只相信負面記憶是真實的。他們會這樣相信是有理由的，因為這樣就可以名正言順地在任何情況下逃避，不用真的去做任何嘗試，也就已經從根本上封鎖了在嘗試失敗時可能感受到的苦澀。具有逃避傾向的人特別容易陷入這種認知扭曲中，因為這對他們來說太方便了。

堆疊在心中的沉積層

那該怎麼辨呢？有人會說：「如果心裡有這種認知扭曲，逃避傾向只會更加堅定。所以我們不要只是朝負面去想，凡事要正面看待！」我也希望提出這樣的建議就能解決問題，但是我們都知道，人的想法不會輕易改變，即使很清楚自己有認知扭曲，也很難實際去改變。這是因為認知扭曲是透過生活長期堆積在心中的「沉積層」，無法馬上全部消除，必須仰賴長時間的「風化作用」。我們第一步要做的，是覺察自己心中的沉積層。試著挖掘內心更多的情緒並確認現實。例如，被上司責罵時，與其急著消除「連這種事都做不好，我真是個沒用的人」這種認知扭曲，不如試著觀察此刻浮現的其他情緒，羞辱、丟臉、愧疚、悔恨等。即使是相同的負面認知扭曲，每個人會產生的情緒都不一樣，請努力去感受自己豐富的情緒。

有人主動示好時也一樣，觀察自己除了「那個人怎麼可能喜歡我，對方一旦了解我，肯定會討厭我」這種負面想法，內心還有沒有其他感受，例如憧憬、期待、焦慮、緊張、羞赧、內疚等。雖然必須經常練習才能仔細觀察自己的每一種感受，但只要反覆去做，久而久之就能停止自我折磨，並且開始理解自己。

「原來過去曾被拒絕過，所以才會如此痛苦啊。」
「因為從未好好地接受愛，所以才不習慣被愛啊。」
「過去因為太坦率而受傷，所以心中才有陰影，阻礙了自己向前邁進。」
「明明喜歡那個人，卻怕會被拒絕，所以才會做出違背心意的行動。」

像這樣，請透過正視羞愧、焦慮、恐懼等負面情緒，好好地理解自己的感受，內心明明有情緒卻裝沒事反而很容易生病。只要不斷重複這樣的過程，就算認知扭曲無法馬上消除，但肯定會淡去。

給自己的心理學小蛋糕 10

試著了解自己為什麼做出與心意相違背的行動。

「原來過去曾被拒絕過，所以才會如此痛苦啊。」

「因為從未好好地接受愛，所以才不習慣被愛啊。」

11 繼續待在家也沒關係嗎？

辭職後一直待在家的她

二十多歲的恩熙辭職後，已經待在家三個多月了。其實就客觀條件來說，公司的工作待遇不錯，但是人際關係真的壓力太大了。和恩熙同期進入公司的其他人，很快就各自組成小團體，經常在下班後或週末聚會，只有她還沒加入任何小團體。雖然她安慰自己「把工作做好最重要」，內心卻很在意誰和誰關係好，她又不太想主動加入小團體，「如果太積極，說不定會給人急著想依附別人的印象。」因為這樣，午餐時間成為一種壓力，別人都三五成群一起吃飯，恩熙則一個人吃著事先準備好的沙拉。此外，一整天也沒跟同事們說幾句話是常有的事。雖然表面上裝作若無其事，但是恩熙的公司生活很孤獨，連帶覺得工作也沒什麼意思。

就在那時，正好發生了新冠疫情，恩熙開始居家辦公。

這樣的生活方式讓恩熙很自在。只要上網訂購食材，第二天凌晨就會配送到家門口，偶爾不想下廚也可以叫外送。遇到不得不與人聯絡時，只要用新冠疫情當作藉口，就能避免面對面接觸。透過社群網站看其他朋友的動態，也都因為疫情取消聚會、會議，她對自己說：「我的生活方式並不奇怪，大家都一樣。」恩熙覺得自己很適合待在家，不用在意人際關係，可以專注在工作上，工作表現也因此變得更好。

但是隨著疫情趨緩，公司取消居家上班，恩熙再度感受到壓力，而且似乎比以前更大了，最後她無法承受選擇了辭職。辭職之後，她以「足不出戶，只待在家」的心態享受「宅在家模式」，但是再怎麼樣還是有必須外出的時候，這時壓力又來了。

「萬一遇到以前公司的人該怎麼辦？」

「他們看到我現在這個樣子會怎麼想？」

「我要先跟他們打招呼嗎？還是就裝作沒看到？」

「如果他們問我最近過得如何，我該怎麼說才好？」

因為出門就會感到緊張不安，恩熙越來越習慣待在家裡。就這樣過了三個月，雖然覺得這樣的生活方式很舒服，她還是開始擔心：

「以後勢必還是要再找工作，萬一又跟之前一樣在公司那麼痛苦該怎麼辦？」

「我為什麼會這麼討厭人呢？」

「有沒有可以完全不用與人見面的工作？」

習慣一個人的危險之處

在這個故事中，恩熙誤會了一件事，她真的討厭人嗎？真的討厭人際關係嗎？如果真的討厭人，不想與他人建立關係，她反而應該可以若無其事繼續上班。恩熙表面上不跟別人打交道，心裡卻在意誰和誰的關係好，不願主動接近別人，卻又因他人不先接近自己而傷心；享受宅在家生活之餘，卻也擔心如果出去遇到前公司同事該如何應對。這一切其實都是她迫切希望建立人際關係並受到關注導致的影響，是典型的逃避模式。雖然想和人們建立關係，但害怕從關係中可能衍生出來的痛苦，所以躲藏起來。這個行為看起像是為了保護自己，但其實可能非常危險。剛開始可能會覺得很自在，因為不用在意別人，自然就不會發生痛苦的事，但如果長久持續獨自一人的狀態會怎麼樣呢？我們都知道，長時間不運動肌肉就會減少，如果一直不與人接觸交流，處理人際關係的能力就會逐漸退化，導致社交能力下降。

即使不建立新的關係，維持現有的人際關係也很好。但是如果一個人獨處的時間越長，原本的關係也會逐漸疏遠甚至中斷。這樣一來，就連以前相處起來很愉快的朋友，隔了很久一段時間再見面也會覺得尷尬，變得無話可說。在一起的時候覺得彆扭，以後就更不會見面了。

「他會怎麼看我？」

「會不會討厭這樣的我？」

「他對我的訊息已讀不回，一定是在躲避我。」

如果對原本相處融洽的朋友也產生了恐懼，在人際關係是必要條件的職場生活就會變得更困難。就算不需要直接面對顧客，還是得面對公司雇主、直屬上司、一起分擔工作的同事，這些都是人際關係，會變得不知該如何自處，工作的判斷能力也會退化，當然對於各種情報訊息的接收也會受到影響。

與家人之間的關係也是人際關係

像這樣很少與人見面，關係能力、交流能力退化，會產生「值得信任的只有家人」這樣的想法，變得比較依賴家人。但因為是一家人，所以就必須無條件接受和擁抱嗎？不是的，與家人之間的關係也是人際關係，而且反而會因為熟悉，所以更容易被批評。

「你有什麼好累的？整天在家躺著。」

「都幾歲了，還這樣整天賴在家裡，什麼樣子啊，真是的！」

如果整天待在家，十之八九會聽到父母這樣說，如此一來又會受傷，變得很痛苦，陷入憂鬱，覺得羞愧，同時也很氣父母，家庭關係當然會受到影響。另一方面，受到父母過度保護也不好，很容易仗著就算不出門也有人幫忙處理所有事，最後真的離社會越來越遠。

傾聽內在的另一個聲音

那該怎麼辦呢？怎樣才能擺脫逃避的習慣呢？請先誠實地面對自己，捫心自問：「長時間過待在家的生活真的無所謂嗎？」逃避是長久以來養成的習慣，如果已經發展成既定的行為模式，很可能無法意識到這個問題。

「我只是覺得一個人在家很自在。」

「我真的很喜歡獨自一個人。」

「我只是因為喜歡一個人，所以才不談戀愛。」

如果你用這些理由把情況合理化，否定內心真正的情緒，甚至美化現狀，那可能是自我的潛意識傳遞出與真實相反的信號。

「雖然一個人獨處還不錯，但其實我也想要與他人交流。」

「想與他人交流，又怕會遇到痛苦的事，所以乾脆待在家不出門。」

「其實我也很想得到某人的認可。」

「我也希望有人愛我。」

向自己提問，才有機會真正了解內心深處的感受。若是沒有信心可以誠實面對，請鼓起勇氣請教別人，最好是了解你的家人或朋友，請他們如實回答。如果你正視這個問題，對方也會認真地把他們的想法告訴你。逃避只是表面的、一時的，你必須找出根本的原因。很多人都有這種傾向，其實周圍的人都看出來了，只有你自己不知道而已。世上最難的就是「了解自己」。希臘德爾菲的阿波羅神殿入口刻著的三句箴言中，最有名的就是「認識你自己」，這同時也證明了認識自己不是件容易的事。因此，為了理解自己而努力一點也不丟臉。一旦真正感受到自己的內在想法，你會更愛惜自己、擁抱自己。

「原來一直都這麼痛苦，所以才會逃避人群。」

「從來沒對別人說，只有自己一個人獨自承受，真是辛苦了。」

「我也想得到大家的認可，但不知該怎麼做才好，所以很難過。」

你可以像這樣安慰自己。如果真正理解自己的心情，對他人的欲望、缺點和失誤也會更寬容以待。雖然有時勉強自己努力敞開心扉不見得比較好，不過一旦真正理解自己，你的心也會不自覺融化，變得柔軟。哪怕只有一次，希望你也能體驗看看。

給自己的心理學小蛋糕 11

在勉強自己之前，請先理解為什麼會覺得痛苦。

「原來一直都這麼痛苦，所以才會逃避人群。」

「我也想得到大家的認可，但不知該怎麼做才好，所以很難過。」

12 對電視劇著迷也沒關係嗎？

孤獨淒涼的她，只有貓和電視劇是她的朋友

三十多歲的恩英養了五隻貓。她在偶然的機會下開始餵養流浪貓，過了一段時間之後領養了一隻特別有感情的貓，後來一隻一隻增加，最終變成五隻貓的主人。因為獨自生活，照顧五隻動物需要很多時間，各方面的費用也不少，但是貓咪的可愛、無厘頭讓恩英忘卻煩惱，最重要的是，貓咪帶給恩英純粹的愛，讓她感覺自己彷彿可以承擔一切。長期患有憂鬱症的恩英，自從養貓後狀態逐漸好轉，於是變得更加愛貓了。恩英真的覺得養貓很幸福。然而父母卻不了解恩英的

心情，偶爾回去父母家的時候都會被問有沒有什麼不錯的對象，對貓一點都不關心，反而經常埋怨「妳是不是因為貓所以才無法談戀愛」，讓恩英聽了很生氣，有一次甚至還吵了起來，一氣之下好幾個月都沒有聯絡。其實多虧有貓的關係，恩英打工也更加努力，但很多時候還是因為父母的不理解感到很鬱悶。

當然，恩英也不是沒有覺得空虛的時候。之前原本有正職工作，但因為對職場上自私、算計的人際關係感到厭倦所以辭職，離開公司後幾乎沒有什麼會互相聯絡的朋友，平時就靠打工維持生計，很少有機會與人見面聊天，後來受到新冠疫情爆發的影響，更是幾乎沒有人可以與她對話。即使有貓咪守護在她身邊，但在某些時候，她還是會覺得人生孤獨和淒涼。為了排解孤獨，她的另一個愛好就是追劇。只要看電視劇，時間就會不知不覺過去，她很享受這樣消耗時間的方式。另外，看著劇中主角克服逆境解決問題，她也會不自覺地心情變好，好像自己也產生了力量。在她孤獨寂寞的生活中，貓和電視劇成為了不可或缺的朋友。

人際關係可以只靠間接體驗嗎？

迫切希望建立人際關係，但沒有機會與他人接觸的人，或者曾經受到傷害而放棄與他人建立關係的人，很容易產生一種移情作用，藉由電視綜藝節目、電視劇、電影、小說等，以間接的方式體驗與他人之間的連結。這些文化商品有一個共同點，那就是觀眾或讀者可以從第三人稱觀察者的角度切入，輕鬆地享受人際關係中發生的各種趣事與感情。和真實的人際關係相比，既不用害怕被拒絕，也不必擔心失敗會受傷，往往很容易就沉浸其中。在沒有直接風險的情況下與人交流，分享親密感或歸屬感，簡直沒有比這更好的事了。

不僅是文化商品，現在許多社群網站和 YouTube 等也是一樣，可以讓人間接體驗社會生活與人際關係。在科技發展進步的現在，大家幾乎整天都智慧型手機不離身，隨時隨地透過網路享受這種間接的人際關係。當然，喜歡追劇這些本身並不是壞事，因為那屬於個人喜好，不同類型的戲劇一方面也體現了個人風格，問題是有些人會因此而逃避應該在現實生活中體驗的人際關係。

像恩英這樣藉由電視劇或電影間接體驗人際關係，而非與真正的人交流，真的會幸福嗎？剛開始或許會覺得很享受，沒什麼不好，但如果持續下去，遲早會面臨心理衝突。雖然恩英靠打工維生，但再怎麼樣還是會遇到同事，與同事間也會有大大小小的火花，她如果一直逃避，問題只會越來越大，最後可能又會發生因為人際關係而無法繼續工作的狀況。

還有一點，劇中人物對觀看者的行為不會有任何反應。透過交換動作、反應、眼神、語氣、手勢等訊息，人與人的溝通能力會得到發展，但是劇中人物與觀看者並不會產生這樣的交流，這就是間接體驗的限制。

電視劇中的人際關係，與真實人生中有多相似？

如果只透過電視劇體驗人際關係，還會發生什麼事情呢？電視劇中的人際關係和實際生活有很大的差異，即使知道這一點，如果缺乏在真實生活中累積的經驗值，還是會經歷不必要的期待與失望。

電視劇中的主角即使什麼都不做，也會受到別人的喜愛，受到很多人關注。主角的朋友總是在旁邊傾聽他的戀愛史，毫不猶豫地給予建議。劇中的世界完全以主角為中心運轉，然而在現實中又是怎樣呢？每個人都在忙著各自的生活，不可能隨時關心別人的一舉一動。近年來，這種現象越來越明顯，在各自謀生的氛圍中，很少有人會對別人的感受立刻給予回應與關懷。如果你只是靜靜地待著，絕對不會有人主動接近、伸出援手或一眼就看出你的才能。在現實生活中，一個沒什麼資歷、長相平凡的女主角，白馬王子出現向她表白的機率是多少呢？在面臨危險千鈞一髮之際，救星從天而降拯救她的機率又是多少呢？但是在電視劇中這種劇情比比皆是。

電視劇中的主角，即使不刻意努力也備受人們關注，永遠是最顯眼的核心人物，而且每當主角遇到困難和危險時，都會及時出現幫手。現實中的自己往往和電視劇中的主角天差地別，雖然心裡很明白，卻還是暗暗期待身邊也有人可以理解、幫助、陪伴自己。當期待落空會怎麼樣呢？就會陷入更絕望、更逃避的惡性循環中。

過於專注在與動物的關係也一樣。當然，養寵物或餵養流浪動物本身不是問題，重點在於會不知不覺就逐漸遠離了社會關係。其實養寵物和飲酒、沉迷電玩遊戲的脈絡是一樣的，如果情況嚴重，可能還會引發動物囤積[1]、酒精中毒、遊戲成癮等。換句話說，如果只專注於某件事，拒絕上學或上班等社會活動與人際交流，可能就是個危險的徵兆。

透過提問理解自己的心

那該怎麼做才好呢？因為太喜歡追劇和貓咪而使得日常生活停擺，需要懲罰

1 動物囤積（animal hoarding），指在一定範圍內囤積了超過一般常見數量的動物，卻沒有能力安置與照顧這些動物。

這樣的自己嗎？請不要感到自責。如果真的陷入這種狀況，建議先聚焦在自己的感受。

「我為什麼一整天都在追劇？」

「我到底是被那部電視劇的什麼地方迷住了？」

「我為什麼會被貓咪吸引？」

你必須如此對自己提問。一旦你開始這麼做，內心自然會找到答案。

「在那部電視劇裡，主角的好朋友總是會很仔細地傾聽，我還蠻羨慕的，希望也有那樣的朋友。」

「看到被拋棄的流浪貓，就像看到自己一樣，所以我覺得應該要幫助牠們。」

「貓咪似乎會傾聽我的故事，理解我的心情，這是以前沒有得到過的感受，我很喜歡。」

像這樣，慢慢練習找回自己的真心。在這個過程中，首先要理解自己。因為在人際關係中，比起幸福更常感到不幸，比起安全更常感到不安，所以只好遠離人群，找尋其他可以帶給自己幸福的替代品。喜歡追劇和養貓並不是罪。最重要的是，此刻在讀這本書的你比任何人都渴望與人溝通和互動。透過電視劇和貓咪，你可以發掘自己真正想得到的是什麼。雖然一直以來都很辛苦，只要能夠理解自己，就會有力量慢慢地解決問題。千萬不要逃避那些被自己遺忘的情緒。

給自己的心理學小蛋糕 12

向自己提問並回答：「為什麼如此喜歡追劇？」

「在那部電視劇裡，主角的好朋友總是會很仔細地傾聽，我還蠻羨慕的，希望也有那樣的朋友。」

13 人際關係，實際上是與自己的關係

努力工作的她為什麼會越來越無力？

三十出頭的智恩這幾個月來一直無法擺脫無力感和空虛感。對工作沒有熱情，不管做什麼事都覺得煩躁，甚至覺得毫無意義。每天都不想上班，早上一睜開眼睛就開始覺得痛苦又疲憊。

「可能是因為在同一家公司已經工作了五年吧……」智恩也考慮過換工作，但是對自己又沒什麼信心，她覺得自己的資歷很難找到條件更好的工作。「像我這樣的人，公司能給我這些就該感激了，怎麼還會心生不滿呢？應該懷著感恩的心

更努力工作！」智恩試著調整自己的心態，卻沒什麼幫助。她對工作還是沒有熱情，對小事變得很敏感，全身上下更是莫名其妙的痠痛。

「我比誰都努力工作，確實也得到很好的評價，為什麼還會這樣？」

她怎麼想都無法理解，並且感到越來越痛苦，於是前來找我諮商。

人際關係才是問題

「醫生，我到底為什麼會變成這樣？現在正在做的案子是我主導的企劃案，但為什麼會一點都提不起勁呢？進入現在這間公司工作之前，其他公司的條件都很差，只能上司交代什麼就做什麼，但之前也不會像現在這樣沒有活力啊。我真的很討厭現在這樣的自己。」

我聽著智恩的故事，慢慢找出她變得無力的真正理由。這份工作對她來說沒什麼難度。她是一個出色的員工，充分發揮著自己的實力，擁有豐富的經驗，沒有加班或週末工作而過勞的狀況。實際上，她的問題不在工作，而是人際關係。在工作了五年多的公司裡，沒有一個人能讓她吐露心聲或依靠。

「看到其他同事談論著只有他們才知道的美劇或共同興趣時，我的心裡都會有點不太舒服，感覺只有我無法參與他們的話題，像被孤立的人一樣……」

她看到其他同事們親密相處，在工作以外的時間似乎也經常聚會，不知為何自己卻變得畏畏縮縮。她的個性其實並不封閉，在學生時期也有很多分享心事的好朋友，只是隨著年紀漸長，那些學生時期的朋友變得越來越少見面。老實說，她在公司裡和同事相處也沒什麼太大的問題，和許多上班族一樣，安靜、不特別引人注目，默默地做自己的工作。然而自覺很認真生活的她，從某天開始，空虛、孤獨和無精打采卻向她襲來。

「我在公司工作很努力，也希望可以和同事們相處得很好，但不知怎麼就是做不到，我也不知道為什麼會這樣。我以為只要做好工作就不會有其他問題……可是現在卻覺得很痛苦……不是工作上的問題，換公司也很奇怪……我不知道該怎麼辦。」

空虛是內心傳遞給自己的強烈信號

在公司找不到可以交心的對象，智恩也嘗試過參加外部社團，希望結交能夠互吐心聲的朋友，但也不是很順利，因為都是來自不同業界的人，很難找到共同點，只有尷尬和不自在的感覺而已。於是，她又習慣性地認為是不是自己有什麼問題。

「我真的搞不清楚，是不是我的個性有什麼問題？」

仔細聽完智恩的故事，我發現她會習慣性說出貶低自己的話語。

「像我這樣的人……」、「我怎麼敢……」、「別人都可以，為什麼我做不到？」

有很多在人際關係中遇到困難的人，會像智恩這樣給自己很低的評價。正如前面所說，這也是因為將關注的焦點放在他人身上而造成的結果。

這樣的人際關係會變得很困難。其實，會感到孤獨不是因為周圍沒有親近的人，而是與自己的關係不親密。這是真正的孤獨，更準確的表達就是空虛。空虛不是身邊有親近的人就能填補的，空虛的真正成因是不珍惜自己，所以不知道自己真正想要什麼，也不知道自己感受到什麼，這時就會感到空虛。也就是說，空虛是與自己的關係疏遠時產生的情緒。但是很多人為了填補空虛，努力與別人建立親密的人際關係，當與他人關係不牢固時，就怪自己付出的關懷不夠，因此更關心別人而不是自己，結果導致更孤獨空虛的惡性循環。

像智恩這種情況，首先要做的是把焦點拉回自己的想法和情緒上，如果一直把別人放在比自己更優先的位置上，最後就會變得疏忽自己、藐視自己。

如果不愛自己，自尊感就會低落，甚至感到空虛。空虛，是「心」向你發出的強烈信號。

「不要再藐視自己了，把焦點放在自己身上。」

「不要看其他人，看看自己吧。」

像這樣，我們的內心感覺上風平浪靜，但實際上正在強烈吶喊。所以感到空虛時，在試圖尋找親密的人際關係填補之前，請先安靜地傾聽自己內心的聲音吧。

儘管這句話已經很多人都說過，但「如果不愛自己就不會愛別人，不尊重自己就不會尊重別人」。對人際關係感到困難的人，絕大部分都是與自己的關係出了問題。

給自己的心理學小蛋糕 13

感到空虛，是「心」在發出強烈的信號。

「不要再藐視自己了，把焦點放在自己身上。」

「不要看其他人，看看自己吧。」

PART 3

就算很辛苦，也不要太依賴別人

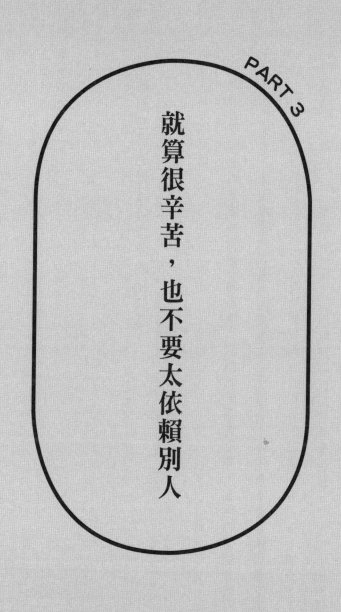

14 人際關係也需要欲擒故縱

照顧對方真的是談好戀愛的祕訣嗎？

欲速則不達，凡事如果太迫切，反而會更痛苦。最具代表性的就是戀愛。如果抱持著「一定要讓他喜歡我」的心態，積極展開禮物攻勢，這樣的戀愛會順利嗎？我想很多人應該會感到有壓力而遠離。如果以「不管他會不會喜歡我都沒關係」的心態，自然地展現自己，有時候反而會有很好的回應。因為人心的交流不需要刻意，首先自己要舒心自在，而那種舒心自在的感覺也會在交流中不知不覺傳達給對方，從而建立良好的關係。

有人認為談一場好的戀愛就是要凡事為對方著想，盡最大努力照顧對方，所以做任何事都以對方的想法為主，以對方的意見為意見。特別是年輕人，在戀愛初期普遍都會這樣，剛開始或許對兩人關係有幫助，但隨著時間推移，就會逐漸產生矛盾。剛在一起的時候會傾注很多東西，但是到某個瞬間就會感到疲憊、倦怠，即使再善良的人心裡也多少會慢慢出現不滿的想法，「我三不五時就送禮物給他，他卻只是理所當然地收下，一點表示也沒有。」但是為了維持關係，只好勉強自己抑制情緒，不知不覺越積越多，在某個瞬間，只是一點芝麻綠豆般的小事，卻突然莫名其妙地爆發，讓關係急速惡化。因此戀愛有時也必須要適度的欲擒故縱。

實際上，不只是戀愛關係，夫妻關係、家庭關係、朋友關係、同事關係等，所有人際關係都適用。這裡所說的欲擒故縱並非什麼「高級戰略」，而是我們對待別人的心態，是在自己的領域和他人的領域之間取得平衡感。

與他人之間的能量平衡

人常會有些矛盾，一方面想要獨立、自由、個人空間，想隨心所欲；另一方面也會有想依賴、感受親密、與人連結的欲望。當這兩種欲望互相衝突，我們便陷入人際關係的兩難境地。如果把心思放在自己身上，就無法顧及他人；如果太照顧別人，又會疏忽了自己。要在這兩種需求之間保持平衡，不能只靠思考和努力，而是必須自然地熟悉才能辦到，因此並不容易。

在這裡舉個戀愛關係的例子來說明。一位二十多歲的女子在戀愛關係中總是單方面付出，隨著時間不斷累積的疲憊感終於爆發，最後走上分手一途，她再次回到單身。過去一直付出，回到一個人的生活後，剛開始因為不用再時時刻刻記掛他人而感到舒服自在，享受了過去那段時間為了迎合對方而沒能照顧自己所缺乏的「獨立和自由的需求」。「恢復單身後可以不受拘束，隨心所欲，真是太好了。我一點也不覺得可惜或不捨，感覺真好，早知道應該早點分手。」可是隨著時間過去，想要依靠某人的欲望又慢慢升起。「雖然一個人很開心，但是好孤單啊，好想重新談戀愛，想依靠別人，想親近別人。」她開始產生淒涼的感覺，因為空白了一段時間沒有依靠，心中的渴望變大了，於是她又展開了新戀情。但如果這回又像上次一樣全力付出，會不會又再出現失望而疲憊的惡性循環？如果不想重蹈覆轍，這回應該怎麼做才好呢？

在戀愛關係中，彼此的能量必須平衡。之前提到過，在人際關係中感到困難的人，主要都是因為把焦點放在別人身上。所以要練習把能量的焦點轉向自己，而不是戀人或其他人。

這不是指「以後都不要在意別人」，而是透過反覆練習，把注意力集中在自己，久而久之就會減少對別人的關注，這時你表現出來的才是最從容自然的樣貌，別人對你的好感度也會上升，那麼不管是戀愛還是人際關係的問題都能順利解決。

可以照顧，但切莫犧牲

那麼在戀愛關係中，應該給予多少才恰當？為了對方，大量減少與原本朋友相處的時間或興趣愛好，甚至百分之百配合對方，這些都不是正確的方式。不過，即使知道這一點，當和朋友聚會或參加社團回來後，還是會聽到對方抱怨：

「那些人比我更重要嗎？」

因為這樣的事情而頻繁發生爭執時，有些人會減少自己原本的活動和交友領域，努力迎合對方，最後完全犧牲對獨立自由的欲望。這樣雖然滿足了兩人之間親密感和連結的需求，但事實上他們的內心累積了諸多不滿，日後很可能會一舉爆發。

不僅是戀愛關係，在任何人際關係上都一樣。我們要明白，完全放棄自己原有的領域去配合對方，事實上對彼此關係有害。如果不知道應該如何保持平衡，請先記住一點，可以照顧，但切莫犧牲。只有在相互尊重彼此獨立領域的範圍內，兩人的關係才能長久持續下去。

在韓國真的有很多人因為人際關係而苦惱，我認為是因為韓國傳統固有的共同體文化造成的。重視自我本來就是人的基本需求，絕對不是壞事，不是害群之馬，但是在韓國的文化中，重視自己就代表自私，這個想法根深蒂固，即便是今日還是很難改變。最具代表性的就是以公司為家，把公司同事當作家人，公司的事就是我家的事。許多上班族聽到就會皺眉頭。還有對媽媽們施加的社會文化壓力，認為無限愛孩子，百分之百為孩子付出才是「標準的母愛」。許多媽媽把這種社會意識當作自我評價的標準，只要對自己好一點就會感到內疚。生活在這種把替自己著想視為禁忌的文化中，壓制欲望而做出犧牲的人必然會越來越多，當然會造成各種人際關係的不和諧和痛苦。所以各位，在人際關係中絕對不能犧牲。只要記住這一點，就能防止自己走向崩潰的道路。

給自己的心理學小蛋糕 14

如果在與某人的關係中覺得委屈，就這樣告訴自己：

「要記住，一味地迎合對方，對兩人的關係才是毒藥。」

「可以照顧，但切莫犧牲。」

15 就算很辛苦，也不要太依賴別人

向孤獨的她靠近的女子

二十多歲的英美從小就很孤獨。因為天生個性內向，所以不太會主動接近別人，但是遠遠地看著其他就算沒做什麼，在班上也受人關注的同學，心裡還是有些羨慕。雖然每學年在班上還是會有一、兩個談得來的朋友，但總是覺得遺憾，因為她也想受到很多人的關注，想成為中心人物。一直到高中為止，因為分班的關係，和班上同學長時間作息都在一起，所以再怎麼內向的她也還是可以和同學慢慢變熟。但上大學之後就不一樣了，大學生活自由，沒有固定的教室，同學也不見得每一堂課都在一起。每個人看起來都很自由、很積極參與各種活動，英美覺得自己像個悶葫蘆。因為心裡總是覺得不自在，所以與系上其他人沒有什麼機會親近，甚至連一起吃午飯的人也沒有，只能遠遠看著其他同學三五成群。英美只好把心力放在學業上，與其說是喜歡學習，不如說是她只能專心學習，所以她的功課一直很好。

大學畢業後，她進入了自己嚮往的公司，做著理想中的工作，但是長期反覆的孤獨感就像標籤一樣一直跟著英美，因此即便是出了社會，她依然常常感到空虛和不自在。

這時美希出現了，她率先接近英美。美希雖然不是同一個部門，卻很自然地先靠近英美，主動和她搭話。英美心裡懷疑過「是不是因為我看起來太孤獨了」引起對方同情，但是不管怎樣美希就像救世主一樣，讓在午餐時間總是以減肥為藉口逃避其他人的英美逐漸打開了心門。

兩人經常一起吃飯，下班後也會互傳訊息，英美覺得心裡暖暖的，原來有人支持和認可的感覺是如此甜蜜和幸福。

左右為難的情況

就這樣過了幾個月，有一天美希邀英美星期天一起去教會。英美因為對基督教有排斥感，所以有點猶豫，但是擔心拒絕的話會和美希的關係變得尷尬，害怕又會和以前一樣變成孤單一人。經過一番考慮，她還是跟著美希去了教會，在那裡她認識了很多人。「也許是因為美希的關係，大家都對我很親切，也很關心我，感覺心裡暖暖的。」慢慢地，英美去教會的次數越來越多，和美希更是一有空就待在一起。

剛開始只在週末聚一聚，但漸漸地平日裡也會見面。英美很喜歡和美希在一起，而且覺得透過美希認識的人也都很好，所以對基督教的排斥感也消失了，原本沒有信仰的心，也開始動搖了起來。

就在這時，晴天霹靂般的新聞事件爆發了，各大媒體大幅報導某宗教團體被踢爆詐欺，是偽宗教團體，而那個被踢爆的教會就是自己現在去的地方。

英美受到了很大的衝擊，她立即打電話給美希，想問問怎麼回事。美希只說沒那麼嚴重，不用太在意。但是英美覺得這不是一般事件，於是自己在網路上搜尋相關訊息，各種關係人士的經驗談和大大小小的經歷源源不絕冒了出來，這時英美才開始理解包括美希在內那些教會人士的行為，他們為什麼會那麼敬仰牧師，感覺與一般的教會不太一樣，信徒們之間關係非常緊密。英美剛開始確實也感到有點奇怪，但是看到大家似乎都覺得理所當然，於是沒當一回事。現在爆發疑似詐欺事件，英美開始苦惱是否就不要再去教會了。但是老實說自己在教會並沒有受到傷害，反而得到溫暖和關心，要是突然說不再去了會不會有什麼不好的影響？最令她擔心的是，如果因此讓美希離開自己，那麼她又會像以前一樣過著孤獨的生活。陷入兩難境地的英美，不知道該怎麼辦。

鑽研孤獨的戰略

偽宗教團體，也就是一般俗稱的「邪教」，非常具有戰略性，他們善於抓住並攻陷人性的弱點。對於渴望情感親密的人，他們總能神奇地填補空白的部分，這是因為他們會找出孤獨的人並精準發動攻勢。許多被這種心理戰盯上的都是具有依賴傾向的人，當然並不是說有依賴傾向就會被盯上，每個人都會有想依賴他人的時候，若是剛好遇到一個恰巧可以填補你不足之處的人時，任誰的心都會動搖。嚴重一點，可能還會跟隨著對方，聽從對方的一切指示。

因此，就算是平時很正常的人也可能會掉入邪教的陷阱裡。其實不一定是邪教，只要是人，任誰都會有相信並依靠了某人卻被傷害的經驗。有時是誤上了詐騙集團的當，辛苦的血汗錢一夕之間全泡湯了，有時則是一時誤信他人而吐露祕密，結果為自己招來紛爭。

另外，最近交友軟體盛行，很多青少年透過交友軟體不小心被騙，結果淪為犯罪集團的賺錢工具被剝削，這類的悲劇層出不窮。甚至有時即使知道對方不是好人，也會因為害怕再度陷入孤獨而無法輕易斷絕關係。

對那些善於以心理操縱來利用他人思想和身體的自戀狂或是精神異常者來說，最佳獵物就是具有依賴傾向的人，而且他們一眼就能認出來。他們一開始接近時會隱瞞自己的真正目的，表現出親切、關懷，以共鳴和支持的話語或行動擄獲獵物的心，並且至少會持續一個月以上，等到對方在一定程度上信任與依賴自己之後，便開始進行心理操縱。

一旦形成這種關係模式，被操縱的人即使察覺到可疑之處，也不敢輕易結束關係。因為對方給的心靈交流滋味太甜蜜，讓人沉浸其中，甚至即使受到性或身體上的虐待也無法擺脫。就算自己真的很痛苦，也會勉強找出對方的好處自我欺騙，讓自己心裡舒服一點。就算幸運地斷絕了關係，也很容易因為又陷入孤獨而找尋新的依靠對象，於是再一次重蹈覆轍。這些人會不知不覺散發出孤獨的味道，接著就會有另一個自戀狂或精神異常者靠近。

這些人可能是朋友、戀人或配偶。要是被剝削卻無法與對方斷絕關係，那就應該好好回顧自己的關係模式。如果跳出來客觀思考，其實答案已經很明顯，但當涉及到自己的問題時，就無法順利得到答案。舉個明顯的例子，雖然經常被喝醉酒的丈夫毆打，但妻子卻始終無法斷然離婚，這當中除了有經濟方面的原因，在心理上受束縛的情況也不少。

「至少他會賺錢回來啊。」

「只要我忍一忍，就能守護這個家的和諧了。」

用這些話把情況合理化，無法輕易放棄依賴的關係。許多前來找我諮商的夫妻，都是這種關係模式，而且這種模式下，大部分依賴對象會從配偶再到子女。即使被剝削，也想感受到情感上的親密，但是如果依然無法得到，就會轉移對象，最直接就是轉向子女。與夫妻關係不同的是，父母對子女具有掌控的權力，不知不覺間便會開始控制子女，而子女也會形成依賴父母的傾向；正因如此，依賴的心理模式非常容易代代相傳。

那個人真的是人生救星嗎？

有依賴傾向的人在諮商過程中也會出現固執的一面。進行諮商的首要條件是諮商師與諮商者必須建立情感上的關係，但這種時候依賴傾向可能會成為絆腳石。當然，諮商師與諮商者的關係與一般人際關係不同，但是諮商者必須對諮商師在情感上有親密感，才能吐露自己的內心想法，諮商治療才能進行下去。所以經常出現兩難的情況，如果諮商者在情緒上過於依賴諮商師，那麼隨著諮商進行，想要維持這種關係的想法就會變強，心理治療可能會無法進行。例如，當感到心理上越來越獨立，依賴傾向正在改善時，代表治療起了作用，但諮商者內心可能會產生這樣的想法：

「如果療程結束就再也見不到醫生了。」

「以後見不到醫生，我說不定會更痛苦，該怎麼辦呢？」

想要心理獨立的願望，和想依賴諮商師的期待發生衝突，最終是後者勝出的案例太多了，也因此在認為治療可以結束的那一刻，事實上又重新回到初始狀態。

在進行諮商的過程中，諮商者透過填補情感的缺口而得到滿足，不知不覺中，「諮商」本身取代了諮商者原本希望心理獨立的目的，因此當諮商師透露出一點「治療差不多可以結束」的意思時，諮商者就會因為害怕關係結束而使自己的症狀再惡化。這不是故意的，而是潛意識的行為。透過諮商，應該要學會如何不依賴他人，靠自己也能找回內心的平靜，但現在主客顛倒了，諮商本身成了目的，治療卻不再進行了。而諮商師為了喚醒諮商者的心理，也會產生一種心理作用，稱為「反移情作用」（countertransference），這是因為諮商者將諮商師視為全能的神一樣，完全信任。

「醫生是我人生的救星。」

「只有他可以幫我解決心理問題。」

因為諮商者懷著這樣的想法，會傳達給諮商師，讓諮商師在不知不覺中像帶著某種使命一樣履行職責，對把自己當成救世主一樣的諮商者展現權威，或提出過多要求，甚至有極少數走偏的諮商師，會在經濟上或性的方面剝削諮商者。

依賴的相互作用非常複雜微妙。身為專業諮商師也要小心，即使知道諮商者想要什麼，為什麼會那樣，也不能滿足他所有的欲望；另外，也不能放任自己完全依靠自己，要經常背叛自己的期待，唯有這樣，才能協助諮商者產生獨立的欲望，並且知道諮商師不會離開而感到安心。雖然諮商者想要依賴的欲望無法完全被滿足，但只要累積有人理解自己、與自己有共鳴的經驗，那麼即使獨自一個人，心裡也會越來越自在，自然也就會越來越有自信。如此一來，就算沒有諮商師，就算不依賴任何人，自己也有力量承受挫折和不安。

不要只依賴某一個人

如果你無法尋求諮商治療的話，我建議可以結交幾個能理解你的人。重點是不要完全只依賴一個人。如果像英美一樣，只依賴美希，一旦發現那個人不是自己所知的樣子，就會受到很大的心理打擊。同時，因為過度依賴，對方也很容易利用這一點隨心所欲對待你。這是人類的本性，說來有點無可奈何，甚至就連專業諮商師也會有這一面，即使再善良的人，也無法保證在那種情況下不要變成那樣。正在看這篇文章的讀者可能會認為「我才不會那樣」，但事實上沒有人說得準。我們應該時時想著，在某個時刻，我們都可能陷入那樣的狀況中，在不知不覺中隨心所欲對待別人。這也就是為什麼我在前面會提到，人際關係也需要欲擒故縱。

還有一點，你信任和依賴的人也必須是心理穩定的人。這樣，即使出現一些問題也不會輕易影響關係，可以安心地告訴自己：「即使我這樣做，他也不會離開我」。累積這樣的經驗，就能建立對人的信任，並掌握保持適當距離的要領。如此一來，就不會在空虛的孤獨中掙扎，也不會過分投入特定人際關係中，自然就不會發生被利用或被操縱的事了。

給自己的心理學小蛋糕 15

為了避免在關係上受到剝削，平時應該做的事：

不過分依賴某一個人。

練習並創造讓自己找回內心安定的方法。

16 因為反抗媽媽，心裡更難受了

應該如何與育兒方法不同的媽媽對話？

三十多歲的喜珍有一個三歲的孩子，因為是職業婦女，所以從孩子出生後就請娘家媽媽幫忙照顧。剛開始媽媽每天像上下班一樣到喜珍家，一年後乾脆住進喜珍家。對於媽媽來說並沒有太大的問題，因為丈夫在喜珍大學時就因病去世了，打從喜珍結婚後媽媽便獨自生活。

剛開始，重新又與媽媽一起生活，喜珍感到很開心，尤其每次聽到朋友說因為沒有合適的地方可以托嬰，最後只能放棄工作的時候，喜珍都打從心裡無比感謝媽媽。但是不久前，喜珍開始和媽媽產生衝突。

因為孩子越來越大，開始逐漸會提出自己的主張，喜珍的媽媽遇到這種狀況都會訓斥孩子，這讓喜珍覺得不太好，因為媽媽的方式有點強迫壓制，與最近育兒書中所說的方法相去甚遠。

因為是拜託媽媽來幫忙照顧孩子，所以剛開始喜珍盡量好好與媽媽溝通，但是不管怎麼說，媽媽的態度依然沒有改變。有一天，喜珍對著責備孩子的媽媽大聲說：「媽，我不是說過好幾次了，不要那樣對小孩啊！」

媽媽也生氣地大聲回道：「是啊，只有我是壞人，就我是壞人，妳那麼會就自己教吧！」

喜珍一直以來隱忍的憤怒一口氣爆發，接著又說：「好，我知道了。現在起不需要媽媽幫忙，我們就各過各的吧！」

最後媽媽搬回自己的家，好幾天都沒有聯絡。喜珍只能臨時請假照顧孩子，生活整個亂成一團，感到非常吃力；同時，媽媽搬回去後不聯絡的狀況也令她感到越來越痛苦。

喜珍和媽媽是從哪裡開始產生衝突的呢？從一開始就把孩子交給媽媽錯了嗎？還是因為工作和育兒兩頭燒，讓疲憊不堪的喜珍終於爆發了呢？

生活必須配合別人嗎？

父母和子女的關係本來就是相互依存的，當孩子在上下關係中完全依賴父母時，問題就出現了。孩子是從無法獨立生活的嬰幼兒時期開始與父母建立關係，到成年之前有很長一段時間，父母在力量和權力上占優勢，他們一方面保護子女，另一方面也想掌控子女，特別是父母過度隱性依賴子女時會更嚴重。然而隨著子女逐漸長大，開始有了自己的想法，也不想再依賴父母，這時父母就會產生被剝奪感。當子女提出自己的意見時，父母表現出排斥的想法，但是已經有自己想法的孩子卻堅持到底，在這種情況下，強勢的父母為了繼續保有控制權，可能就會選擇對子女造成最大傷害的方式來拿回控制權，也就是利用子女不得不依賴自己的情況。

「如果不聽我的，我就不管你、不幫你了！」許多父母會透過言語和行動不斷發出這樣的訊息。他們與其說是故意的，更像是不知不覺就那麼做了。實際上，有些父母甚至會做出一些極端的表現。「你要是再這樣，媽媽就離家出走！」

這其實都是在不知不覺中表達出來的。但是對孩子來說，聽到這種話會非常害怕，會有被拋棄的恐懼。為了解決這種不安和恐懼，只能好好聽父母的話。而父母發現這種方法很有效，日後就會反覆使用同樣的方式。最後會怎麼樣呢？當下雖然可能覺得孩子聽話了，似乎效果很好，但長遠來看，會讓孩子變得依賴。

當然，並不是說孩子不能依賴父母，只是長久下來，這種依賴傾向也會在生活中遇到的各種人際關係裡表現出來。明明不同意對方說的話，卻因為怕得罪人而不敢堅持自己的主張，不管遇到誰都選擇配合對方。這樣做剛開始可能沒什麼問題，但是隨著關係的持續和深入，問題就會逐漸顯現。因為不知不覺過度依賴和執著，讓對方漸漸感到厭倦，最終被推開，然後變得沒有安全感，又更加依賴和執著。其實，只要辨識出這種衝突模式後，絕對可以理解整個過程，但是如果不知道根本問題是什麼，還是很難改變行為。

想要改變關係的模式，衝突是不可避免的

現在重新回到喜珍的故事。喜珍其實也很依賴丈夫，她把結婚前依賴母親的習慣，原封不動地轉移到丈夫身上。丈夫一開始很享受握有決定權的感覺，也樂於擔任照顧的角色，但是後來喜珍什麼事都問他，連一點瑣碎的小事也要他決定，造成丈夫壓力越來越大。

「別人都說丈夫像是妻子的大兒子，我們家卻像是我多了一個女兒，而不是妻子。」

丈夫心裡這樣想著。即使工作壓力大，丈夫回到家裡也不怎麼分享，因為如果對喜珍說，壓力非但不會抒解，反而會增加喜珍的擔心和抱怨。生活中與人產生矛盾或意見不合是很正常的事，但喜珍對一點瑣碎的事情就會反應過度，很容易急躁，丈夫乾脆都不跟她說，免得更麻煩。正是因為這個原因，像喜珍這樣具有依賴傾向的人，在別人眼中很容易被誤認為是「只注重自我感情」、自私的人。

但事實正好相反，他們是因為關注的焦點總在別人身上，所以才沒能好好照顧自己。喜珍必須站在自己的立場仔細觀察情況，尤其是遇到與自己的媽媽、孩子、丈夫有關的問題，情況會更加錯綜複雜，這時就越要把自己劃分出來，也就是說，她思考和感受的主體應該是自己，而不是周圍的人。但是喜珍和媽媽在發生爭執之後，媽媽賭氣斷絕聯絡的這段時間裡，喜珍一直有這樣的想法：

「媽媽那麼生氣，現在都不跟我聯絡了，怎麼辦？」

「要是媽媽討厭我該怎麼辦？」

「媽媽在想什麼，為什麼不跟我聯絡……」

因為擔心媽媽會不會永遠都不跟自己聯絡，喜珍反覆寫了道歉簡訊後又刪除。把焦點放在對方身上思考，同樣的問題就會持續循環，這種反覆本身就代表了執著，如果深陷其中，情緒就會不必要地擴大。那該怎麼辦呢？

讓我們重新回到最初。喜珍因為媽媽用強壓式的態度教育孩子而生氣。在那一瞬間，她其實是與小時候媽媽對待自己的樣子重疊了。想起自己懦弱無力的童年，瞬間就變得暴躁，並且表現出與以往不同的態度，而媽媽還是用她一貫的方式來應對，每當喜珍反抗或提出其他意見時，媽媽總是威脅著說要離開。

在那一刻，喜珍雖然很害怕，但更多的是忍無可忍的氣憤，於是脫口說出「要走就走吧！」這句話。等到事情過後，連續幾天媽媽都不跟喜珍聯絡，喜珍又變得焦躁不安，想要盡快解決這個狀況，急著想要恢復原狀，也就會有衝動想先跟媽媽聯絡。但是反過來想，這個事件也可能是擺脫過往關係模式，建立新模式的契機。喜珍該怎麼做呢？

首先，不要對關係中產生的裂痕感到焦慮，而是要堅持下去。先不要為了解決自己內心的恐懼而一味地道歉，而是要仔細觀察自己的情緒。主詞不是「媽媽」而是「我」，把自己的情緒寫下來會更有幫助。

「原來我是無法忍受關係出現裂痕的人。」

「我無法忍受關係鬧得那麼僵，總是習慣先道歉。」

「如果丈夫不告訴我發生了什麼事，我就會自己想很多，焦躁不安。」

像這樣，請珍惜自己的情緒。不管是媽媽、丈夫、孩子，與任何人的關係都一樣，如果在關係中感受到壓力，首先了解自己的情緒是很重要的，而非急著與對方和解。從表面上看，關係中出現裂痕似乎是問題，但其實並不是重點。為了能擁有獨立的人格，關係中的裂痕或許是必然的。請不要害怕裂痕，反而可以刻意製造裂痕，特別是像喜珍的情況。她一直以來都是為了避免產生裂痕而活，即使有意見分歧也不想引起衝突，所以乾脆放棄自己的意見。如果你和喜珍是相同的類型，從現在開始就先練習放任不愉快的情緒吧。當你感到不舒服和辛苦時，不需要故意隱藏起來，不需要努力維持表面的和平。如果不堅持這樣的練習，那麼有一天就可能在沒有意識到的情況下把這些感受傳給下一代，不知不覺中和孩子建立起依賴關係，無意識地就想操縱孩子，就像喜珍的媽媽對喜珍做的事情一樣。

給自己的心理學小蛋糕 16

厭倦了配合對方的生活該怎麼辦？

在配合那個人的過程中，寫下自己的感受。

習慣不自在的情緒。

對自己說：「有時候產生衝突並不一定是壞事。」

17 為什麼善於控制情緒的人更危險

人人稱讚的他為什麼會陷入無力的深淵？

四十多歲的龍俊在部門裡風評一直很好，因為他總是沉著、穩定、實實在在地完成自己負責的工作，不管前輩、後輩、同期進公司的同事都認為他是完美的人。

即使同部門其他同事之間發生意見衝突，他也不會隨之起舞，總是冷靜、有邏輯地說出自己的意見，並擔任仲裁的角色。不管工作再多，或公司內部起了紛爭，他似乎也不會因此有壓力或耽誤工作，總是在自己的位置上默默做好份內的事。用一句話來形容，他就是「不需要閱讀自我成長書籍的人」，因為他即使不看那些書，也具備了維持平常心的能力，從未因職場人際關係而感到痛苦。按照他自己的經驗，當工作不順利或人際關係出現波折時，只要默默地接受，安靜地生活，一切總會解決。

他總是相信即使發生讓人鬱悶或生氣的事，只要靜靜地等待，問題都會得到解決。可是不知從什麼時間開始，龍俊開始出現了變化。

剛接下一個新的案子，正應該努力工作時，他的身體卻莫名其妙地一點也提不起勁來，沒有任何工作的動力。如果是以前的龍俊，在這種時候會努力找回日常生活的步調，但奇怪的是這次身體怎麼樣就是跟不上，他連生活也失去了活力，對每件事都覺得麻煩，甚至對一點小事也感到厭煩，對平時沒有特別感覺的下屬也不知怎麼的越看越不順眼。工作效率好、性格也好的龍俊，為什麼突然變得這麼無力呢？

現在覺得辛苦是對的嗎？

很多人來到諮商室時，內心已經處於非常疲憊的狀態了，因為嘗試過許多方法都解決不了，所以最後才會選擇來接受心理諮商。但是我經常從那些人身上聽到很驚人的故事。他們都是不管再怎麼辛苦也會堅持下去的人，而當他們撐不下去來找我時，卻會問我：

「醫生……我真的很憂鬱……這是對的嗎？」

「其他人遇到這種狀況不是都會撐過去嗎？」

「因為這樣的事情感到痛苦是正常的嗎？」

他們雖然說出自己覺得痛苦的情況和情緒，但總還是想得到我的確認。工作做得好，一向都能好好控制情緒的龍俊也是如此，他很難承認自己的情緒。其實這個問題從一開始就錯了，會懷疑自己的情緒就代表不相信自己。這與關注別人更甚於自己是同樣的意思。情感屬於個人固有的領域，不管別人說什麼，你的感受都是你自己的，即使努力用不同的情緒包裝，感受也不會改變。因為情感是百分之百主觀領域，即使發生同樣的情況，不同的人感受到的壓力程度也不一樣，這是理所當然的。

每個人獨特的感官、氣質、情緒傾向相互交織，有時可能會感到壓力，有時則是輕鬆自在。即使別人沒有壓力，自己也會有壓力。這不是簡單用「內心強不強大」就能解釋的。正如我們天生就長得不一樣，對壓力的反應指數也會不同。

其實這種氣質在小時候就已經顯露出來了。天生性格細膩的孩子一到陌生環境就會因為不安或害怕而哭泣，見到陌生人神經就會變得敏感，低著頭或躲在媽媽身後。相反地，有些孩子就算到了新環境也不會有任何畏懼，反而對新的場所、新的事物感興趣，面對第一次見面的人也可以很自然地打招呼。

即使發生同樣的情況，根據每個人與生俱來的感官能力，所感受到的情緒也不一樣，因此不能就這樣斷定敏感的人是內心脆弱，不怕生的人就是內心強大。

情緒不外露，就是成熟的大人嗎？

那麼我們呢？大多數的時候，我們都會先想到如何控制自己的情緒，因為表露情緒會被認為是不成熟的人，不輕易表露情緒才是成熟的大人。但是這樣想恐怕會產生問題。我們來看看龍俊的例子吧，他的情緒表現比別人少，其他人覺得敏感的問題，對他來說並沒有特別的感覺，看起來龍俊似乎能夠很好地管理自己的情緒，可以控制得很好。周圍的人都稱讚龍俊是個心性很穩定的人，甚至認為他的內心比一般人強大。但真的是這樣嗎？

身為精神科醫生，我會觀察人們的一生，很多時候感受情緒範圍較小的人反而更危險。他們並非沒有情緒，只是感受的幅度小，感覺就沒那麼豐富。這些人在不知不覺中會把不好的情緒堆積在內心，如果突然一下子爆發就會崩潰。但問題是在爆發之前，他們不會像其他人一樣感到壓力，所以常會被誤以為內心很強大。龍俊就是那種類型，無論在人際關係或在職場生活中，他都被認為是善於控制情緒的人，因此就更不會表達自己的感受。

但是，隨著生命週期發展，荷爾蒙也會發生變化，或者四十歲以後身體開始出現病痛時，長久以來被隱藏的情緒就會出現，接下來會怎麼樣呢？

反而會因為出現了之前沒有經歷過的情緒而感到驚慌，並且不知道如何應對。以為能像往常一樣控制情緒，這次卻辦不到，就會失去自信而退縮。一直以來情緒起伏都不大，現在反倒變成了毒藥。日常生活中的瑣碎情緒，例如因為某人的一個小動作而覺得煩躁或難過的情緒，過去都一直被忽略，如今卻突然感受到了，而且變得很強烈，最終被那些情緒壓倒而崩潰。中年憂鬱往往就是這樣開始的。

特別是男性，經常會誤以為是身體的症狀。要他們承認「很難控制情緒」，他們寧可說「最近不知道為什麼體力這麼差」。原本對工作充滿熱情的人會突然對每件事都覺得厭煩，經常把頭痛、腰疼、全身痠痛掛在嘴邊。更嚴重的是這會造成很大的挫折感。龍俊的情況就是如此，向來誠實勤勞的他，看到懶散、沒有精神、情緒過度起伏的人都覺得他們很可憐，但是當自己突然變成那樣的人，與過去自信滿滿的態度截然相反，他一時大感挫敗，自尊也無限滑落。

「最近為什麼做什麼事情都提不起勁？」

「我怎麼會變成這麼沒有活力的人？」

「又沒做什麼事怎麼會全身痠痛？」

他們會不斷地自我懷疑、自我折磨。這些人過去遇到有這種問題的人，都會建議對方制定目標過規律的生活，如今想起自己之前說過的話，感覺更痛苦了。因為一直以來都認為理智可以充分控制情緒，但到了四十多歲，他們才發現價值觀徹底崩潰。正是因為如此，善於控制情緒的人反而更危險。

給自己的心理學小蛋糕17

回顧自己是否正確表達情緒。

如果無緣無故覺得渾身不舒服，請思考一下，是不是一直以來都不曾好好表達「喜、怒、哀、樂」的情緒？

18 為什麼一下班就變得像屍體一樣？

連運動的力氣都沒有的她

三十出頭的惠善只要一下班就渾身無力。她也很想和其他同事一樣，利用下班後的時間進修，或者做些自己有興趣的事，所以制定了各種計畫，但是一下班，身心就好像一下子塌陷在地上，沒辦法做任何事了。她很討厭這樣無精打采的自己。她也想過可以把平時沒有做的事情留到週末做，但實際上也很難，因為週末如果不好好休息補充能量，下個星期就無法好好工作。

惠善為了增強體力，有一段時間下班後就去運動，但也只是三分鐘熱度，因為太累了，連運動的能量都沒有。因為身體很累，所以漸漸地不想去運動，到最後完全放棄。下班回到家什麼事也沒做，就只是躺著滑手機，然後時間一下子就過去了，想到明天還要上班，只能強迫自己入睡，這樣的生活日復一日。惠善覺得自己下了班就這樣耍廢，不求長進，很快就會在職場上落後其他人，心裡又更加不安和焦躁，但是身體不聽使喚她也沒辦法。她實在不知道自己怎麼會一下班就完全無力。

為什麼提不起精神來

真的很想做點什麼又什麼都不想做，身心被導向不同方向的狀態，每個人多少都曾經歷過。雖然心裡不是那樣想，但身體卻動不了，因為沒有剩餘的能量。可是才三十歲出頭，尚屬年輕的惠善怎麼會成了這麼沒有力氣的人呢？

我們先來看看「沒有力氣、疲乏、能量不足」的意思，這些都意味著身體的能量正從某個地方流失。

大多數人都會關注身體能量的消耗，卻不太會去注意情緒能量的消耗。在職場生活中，不僅會用到身體能量，在人際關係裡使用的情緒能量消耗也會對我們產生很大的影響。當然，消耗能量的多寡根據每個人的情況會有很大的變化。以惠善來說，首先要確認是不是工作量過重而導致能量枯竭，如果不是，就必須進一步觀察平時在與人相處方面會不會為了控制自己的情緒而用力過了頭。從諮商的臨床經驗來看，的確有很多人因為過度控制自己的真實情緒而造成筋疲力盡的狀況。

「承認真實的情緒」是在提到解決方案時說過很多次的話，但與認識它一樣重要的是承認它的「方向」，也就是不欺騙自己。承認自己的真實情緒很重要，但如果承認的方向不是自己，而是別人，那麼反而會產生相反的結果。在那些感覺心很疲乏的人當中，很多人的天線都不是朝向自己，而是他人。

「看他的表情，如果我把話說出來，他說不定會討厭我，那該怎麼辦？」
「如果組長覺得我不想接這個工作怎麼辦？」

用這樣的方式，你不是在關注自己的情緒，而是花了大量情感去關注他人的感受。這種狀況會在職場人際關係中一再重複，因為我們必須在競爭中生存下來。今天心情很鬱悶，又擔心在上班時間表露出來，會不會造成別人對自己有不好的印象，擔心以後對晉升有不利影響怎麼辦，所以很多人會用「我不知道如何表達情緒」來安慰自己。那種陰鬱的日子如果只有一天還好，但是不少人會因為「不表露情緒等於工作做得好」的偏差觀念，所以不管在日常生活中感受到哪種情緒，都擺出一張撲克臉。如果嚴重的話，喜怒哀樂都會變成灰色的。努力不表露情緒的同時，能量也會耗盡，這是理所當然的。另外，努力讓自己不去感受情緒，人際關係也會變得不自然和僵化。

不尊重情緒的社會帶來的影響

當然，上班不適合隨心所欲把自己的喜怒哀樂表達出來，而且因為大家看起來似乎都很善於控制自己的情緒，也會擔心自己和其他人不一樣。尤其像在韓國社會，長久以來習於忽略個人情緒，同時組織文化非常僵化。其實無論是公司還是學校，不管是什麼組織，如果能自然地承認並表達自己的感受，那就太好了，然而實際上並非如此，很多人甚至連在家庭中都不知道如何表達情緒。

我想起了一位諮商者的故事，他從小在國外長大，直到中學時才回到韓國，但是學校文化很不一樣，讓他很難適應。他說在國外，如果因為情緒問題無法上學的話，無須任何證明，學校直接就讓學生休息一週。但在韓國，這根本就是很難想像的事。如果說出「我今天心情很不好，很難受，想請假在家休息」，就會聽到「不要裝病！」這樣的話。心痛和身體的痛一樣嚴重，但沒有醫生診斷書就不是疾病，這種固有觀念有很大的問題。心情鬱悶和不安並不需要提出證明或說服任何人。不僅是學校，如果跟公司說「因為今天心情不好無法上班」這種話，肯定會被當成怪人，不然就是被說「玻璃心」。這種不尊重情緒的文化與我們的精神健康息息相關。惠善在公司耗盡所有精力造成她一下班就覺得全身無力，與對待情緒這種扭曲的文化有很大的關係。

體罰能改變人心嗎？

看看每天發布在入口網站上的新聞，殘酷的暴力事件數不勝數，真的很難相信有人會做出非常可怕的事情。但是當我看到新聞下方的留言時，更是感到沮喪。

「都是父母從小寵壞了長大才會那樣。」

「一定沒挨過打才會變成那樣。」

「現在還說要禁止體罰，真是太荒唐了。」

這樣的內容還會有很多人按讚表示同意，但是體罰真的是正確答案嗎？真的能用體罰來控制人心嗎？人的行為可以用高壓暴力來控制嗎？那只不過是權宜之計罷了。相反地，當身體被強行束縛住的時候，那些不好的能量就會一個個聚集起來，到某個時候一起爆發，造成更大的破壞。我認為造成這些暴力事件最根本的原因，就是「不尊重個人情緒感受的文化」。

情緒和行動之間的關係非常矛盾，如果壓制一個人，能量就會向另一個人傾斜，然後以更嚴重的方式爆發。同樣地，如果一方更廣泛地接受另一方，那麼被推擠和爆發的能量就會減少。

因此，解決辦法是原封不動地接受情緒原本的樣子。我在前面已經反覆說了很多遍，我們必須尊重內在如野獸般的原始情緒，只有這樣，才能像人一樣行動。如果越否定內心的野獸，就越有可能魯莽行事。

比發現問題和解決問題更重要的事

經過長時間的諮商，很多時候都會發現諮商者其實會有一些共同的問題，其中之一就是很多人會不自覺地壓抑自己的情緒。憤怒、不安、惡意、嫉妒、後悔等，擁有這些負面情緒都是十分正常的，絕對不是壞事；而善意、自信、尊敬、親切、誠實等在別人眼中的美好，並不是我們生活中唯一需要的，真正重要的是要承認消極的一面。

「我的工作做得明明比較好，為什麼反而是那個人受到肯定，真是煩。」

「工作全都是我在做，為什麼他要出來邀功？我都快瘋了。」

令人驚奇的是，如果在諮商的過程中重複承認諮商者的感受，在某些瞬間便會發現諮商者自己可以控制他們的行為。我並未要諮商者做這個、做那個，也沒有給予任何行動上的建議，就只是默默地接受對方的感受，如此而已。所以，我建議你也可以試試這個方法。

無論是工作上無法集中、學業壓力過大，還是面對人際關係中反覆出現的問題，都不必特別費力去找出問題所在並加以解決，只要徹底審視自己的感受，並練習如實表達出來，如果你一遍又一遍地這樣做，問題自然就會解決。

給自己的心理學小蛋糕 18

預防無力和憂鬱的方法。

承認內在擁有的憤怒、不安、惡意、嫉妒、後悔等負面情緒是非常正常的。

19 怕生的性格，能改變嗎？

初次見面的人好可怕

二十多歲的慧敏為了準備公務員考試，決定加入學習讀書會。雖然是為了學習而加入的聚會，但是慧敏在第一次聚會前一天就開始緊張得睡不著覺。第二天去得太早了，又怕萬一和別人獨處會不知道該怎麼辦，所以在附近閒逛，一直等到約定的時間才抵達聚會場所。讀書會一共有六個人，慧敏到現場時有三個人到了，雖然他們都是初次見面，但看起來都很活潑，已經可以很自然地交談。但是慧敏一到，和大家打招呼時感覺自己的聲音有點顫抖，她很擔心被其他人發現，但是大家都熱情地歡迎她，接著又繼續剛才的話題。慧敏默不作聲地聽了一下，才知道他們在聊最近很紅的電視劇，因為她對劇情內容不太清楚，也不感興趣，所以只是靜靜地聽著，但是卻有種越來越尷尬的感覺，很不自在。她在心中期待其他人快點來。終於另一個人到了，但那個人看來也是個活潑外向的人，一來馬上就加入了關於電視劇的話題中。慧敏覺得越來越難受了。

連一個親密朋友都沒有

第一次的讀書會結束後，慧敏回到家，經過一番猶豫，最後在讀書會的聊天群組中留下訊息。

「那個……不好意思，我因為個人因素恐怕沒有辦法繼續參加讀書會了。」

看著又找藉口避開人群的自己，慧敏感到羞愧。她突然想起了學生時期，每到新學年開學之初都很痛苦，因為換了個新班級，要結交新朋友總是很有負擔。她也曾埋怨過父母，為什麼生出自己這種怕生的性格。其他人都可以很快就和新朋友打成一片，自己為什麼不敢主動靠近他們，為什麼不敢先開口。她的心裡很痛苦，但也沒有人先接近自己。每展開一個新學年，慧敏就會孤獨好一陣子，等過一段時間後，才會與一、兩個性格相似的朋友走得比較近，但很快又要面臨另一個新學年、新班級，因此沒有太多與同齡朋友建立友誼的經驗。現在的她對如何與人親近、該說什麼都沒有頭緒。像慧敏這樣怕生的性格，真的能改掉嗎？

特別害怕陌生環境的人

聯誼、入學日、到職日、初次聚會、面試等，在陌生的情況下遇到陌生的人，被不熟悉的環境包圍，對任何人來說都不容易馬上適應，有些人更是感到格外恐懼，因為非常怕生，在第一次見面的人面前不敢開口，與陌生人獨處會渾身不自在，所以根本不願意參加新的聚會接觸人群。他們在學生時期每逢新學年開始那段時間都會感受到壓力，因為即使想逃避也避不了，到了上大學或開始工作時更是會感到非常辛苦。

為什麼會如此怕生？為什麼與陌生人初次見面會這麼痛苦？首先是因為天生的性格，他們具有比一般人更怕生的氣質。一般情況下，即使小時候會怕生，隨著長大逐漸社會化，也會變得越來越容易適應新環境。但是從先天的性格來看，有些人即使上了年紀也依然會怕生，很難適應陌生的環境。

於是他們便很容易形成逃避傾向。因為與陌生人見面會誘發緊張不安的情緒，所以乾脆選擇避開。還有另一個很大的問題是他們會為此責怪自己。

「我到底為什麼會這個樣子？」

「如果別人知道我這樣，該怎麼辦？」

出於這樣的擔心，他們在人際關係中更無法自然地表達。因為自責，對自己感到羞愧，自尊感就會低落，而這些情緒都會原封不動地傳達給其他人，造成在交流的過程中，很難與他人建立長久持續且緊密的關係，而且這樣的惡性循環會不斷發生。

在這世上有人可以理解自己的一切嗎？

嚴重怕生的另一個原因，是對人際關係抱有過於理想的期待。其實初次見面感到尷尬是很自然的事，在一切陌生的環境下，就算是平時說話滔滔不絕的人也很可能會結巴，一向很幽默的人也可能會搞冷場。這種尷尬和彆扭是每個人都會經歷的，如果不能順勢接受，情況只會越來越困難。人際關係失衡也是如此，那種可以理解你的一切，無條件關照你的人並不存在。不管是哪一種關係，只要相處在一起就會出現大大小小的問題。但是，由於沒有什麼建立關係、出現問題、為解決問題而相互努力的經驗，心裡只有「理想的人際關係」的抽象概念，因此會對他人設定過高的期待，如果無法滿足，就會過度失望，一次又一次受到打擊。怕生的人希望別人可以先看見自己、先接近自己，希望關係一開始就很順利，不容許絲毫的誤差或失誤，也因此在什麼關係都還未開始之前，心裡就感到負擔，格外小心翼翼，難怪會什麼話都說不出來。

自己怎麼會如此害羞？

那該怎麼辦呢？未來的日子還很長，難道慧敏一輩子都要因為這種怕生的性格，過著痛苦的生活嗎？其實，問題並不是怕生的性格。個性天生敏感這絕對不是罪，然而我們的社會從以前就對從小性格被動、不夠大方、不夠大膽的孩子，給予訓斥或在背後批評，在這種環境下長大的孩子會把「外向積極的性格勝過內向被動的性格」的觀念內化，對自己不夠大方感到羞愧，產生罪惡感，當這些成為基本情緒後，自尊感也會逐漸越來越低落。

現在，慧敏需要好好了解這種社會機制。如果在理解自己為什麼會如此害羞的同時，也更接近這樣的自己，就會開始產生與以前不同的看法。如果這樣的練習很難，不妨尋求專業的諮商治療。有人對你說「會怕生是很自然的事，這是天生的性格，不是你的錯」和自己不斷重複這句話，這兩者之間或許會有很大的差別。

傾聽自己說話的人，是靈魂必需品

另外，透過諮商治療，讓慧敏體驗如實接受自己感受到的所有情緒也是個好主意。透過批評和指責其實很難改變一個人的想法。例如我在電視節目中討論某個議題，其他來賓有不同意見，並提出我無法反駁的根據和主張，就連我自己聽了也覺得說得有道理，但我會因此就改變立場嗎？我們都很清楚彼此的論點百分之百沒問題，但如果是在被指責和批評的情況下心情不好了，絕對不會接納他人的意見。人心就是這麼複雜。

會傾聽自己說話並產生共鳴的人是靈魂的必需品，有這種人存在，生活的品質也會有所不同。如果有人傾聽自己的痛苦並產生共鳴的經驗不斷累積，正能量也會一點一點在心中凝聚，那麼就會漸漸地喜歡上自己，與自己站在同一陣線。當自己的力量變強，能夠撐住自己時，遇到尷尬和困難的情況也不會輕易逃避。如果慧敏能累積這樣的經驗，即使讀書會很辛苦，她也不會再逃避。如果可以忍受短暫的尷尬，就能意識到更好的事會發生在自己身上。

給自己的心理學小蛋糕 19

當到一個陌生環境感到害怕時，這樣對自己說：

「具有怕生的個性並不需要自卑。」

「一定有人會喜歡這樣的我。」

20 雖然孤單，但還是一個人

「為什麼沒有人要跟我說話？」

二十出頭的熙珍在學生時代努力學習，考上了理想的大學。「終於苦盡甘來，即將展開如花綻放的人生了！」熙珍決定上大學後要努力唸書，也要積極參加社團活動，結交很多朋友，成為團體中的「中心人物」。

終於到了等待已久的新生訓練日，她懷著興奮的心情，精心打扮得漂漂亮亮前往，但是出乎意料之外，一到現場就覺得不太對勁。在全新的場所與一群陌生人相見，她不由自主地感到彆扭，表情漸漸變得僵硬。可是其他人看起來都很好，大家應該都是第一次見到彼此，卻很快就三三兩兩聚在一起，天南地北的聊得很開心。熙珍好像變成了「壁花」，心裡很不舒服。

「為什麼都沒有人要跟我說話？」想著這個問題，熙珍變得不耐煩，於是她決定自己先找一個看起來很有趣的團體加入。與其安靜地一個人待著，不如主動加入人群中參與話題，這樣才能成為中心人物。

她不著痕跡地加入一個聊得很開心的小團體，但是不知怎麼的，她無法集中精神聽他們的談話。其中一個人開了個玩笑，所有人都笑了，但是熙珍卻沒有笑，只是以尷尬的表情呆呆地站著。熙珍一直在苦惱什麼時機開口插入話題中，伺機而動。終於出現短暫的空檔，她說出了在腦中想了數十次的話題，沒想到竟然沒有人回應，大家直接轉移到另一個話題上。熙珍的臉一下子就感覺火辣辣的，整個人如坐針氈一樣尷尬。從一開始就這麼不適應，她開始擔心未來大學生活該怎麼辦。

熙珍暗暗嘆息，為什麼無法和他們打成一片？看到自己尷尬地站在一旁，其他人似乎也不太想理她，她的臉越來越紅。她悄無聲息地離開那個小團體，感覺自己無處容身，最後只好隨便找個藉口說家裡有事，急急忙忙逃了出來。熙珍接下來該如何是好呢？

想成為中心人物，但心裡感到害怕，該怎麼辦呢？

最近韓國年輕人的流行語中常出現「Insider」（中心人物）、「Outsider」（邊緣人）。常有人會開玩笑地說：「因為我是Outsider啊。」這句話雖然自嘲幽默的成分居多，卻也可以看出在人際關係中退縮的心理。青少年以及剛步入社會的新鮮人中，有很多人因為自己無法加入同儕團體而感到痛苦。透過諮商，我經常聽到他們的故事，邊緣人很多，但是成為中心人物就比較好嗎？中心人物與邊緣人之間存在很多階段，就算是中心人物也會時時擔心自己會不會往下掉，就像藝人擔心人氣一樣，總是忐忑不安。

這種心理和那些認為自己是邊緣人的苦惱相似，口口聲聲說「邊緣人的生活太苦」的人有一個共同點，就是他們想成為「中心人物」，更準確地說，他們希望別人把自己當成中心人物。他們希望自己置身主流團體裡，於是他們隱藏真實的自己，徘徊在主流團體周圍，但是最終卻失敗了。這是由於他們表現出的不是原本的樣貌，在別人眼中只會顯得生硬不自然，所以很難得到認同。他們對這樣的自己不滿意，所以會感到痛苦，而如果不能解決問題，就有可能與同儕團體越離越遠。這種在關係中逃避的性格特質被稱為「逃避型人格障礙」（avoidant personality disorder）。

「其實，我也想被愛。」

逃避型人格障礙在人際關係中會產生各種心理衝突，讓人非常痛苦，因此會從根本上讓逃避行為更牢固。用最近的話來說，他們的心理狀態是「被子外面的世界很危險」。如果青少年時期的子女逃避人際關係，成天只關在自己的房間裡，想必父母會非常鬱悶，甚至會擔心孩子變成「繭居族」[2]。

不過，繭居族也分為兩種。第一種是對外界和他人全然不關心，他們是真的很喜歡獨處，生活在自己的世界裡。第二種是內心對他人很感興趣，想成為中心人物，卻又懷有恐懼而選擇躲藏起來。逃避型人格障礙屬於後者。實際上他們真的陷入了心理上的兩難境地，心裡明明迫切想要，卻又害怕被拒絕或得不到認可，所以不敢踏出去。表面上築起了防禦高牆，內心卻喊著：「其實我也想被愛！」當然，如果自己一個人可以過得很好的話就沒問題，但是他們表面上裝作若無其事，內心卻渴望別人的認可和愛。結果會如何呢？他們將永遠無法滿足自己的人生。

2 繭居族：源自日本的一種社會現象，泛指長期隱居在家中，甚至只待在自己的臥室，不願意與外界接觸的人。日本厚生勞動省把繭居族定義為超過半年不接觸社會、不上學、不上班，不與外人交往，生活自我封閉的人。

欲望和失望是莫比烏斯帶

那該怎麼辦呢？不要對他們說：「出去見見人吧！不要逃避，直接與人面對面接觸不就行了！」這是沒有用的。這樣輕率的勸告反而會引發他們的反感。他們並不是做不到，會成為具有逃避型人格障礙的人都是有原因的。雖然逃避不是一個可取的應對方法，但站在他們的立場來看，這是為了生存最低限度的自我防禦。要不是真的那麼痛苦，才不會築起防禦的高牆。若是越攻擊那道牆，防禦反而會越堅固。因此在攻擊之前，必須先理解那個人所經歷的心理衝突。想想他築起防禦牆的理由是什麼，為什麼要築牆？一定是因為受到了攻擊，所以才必須抵擋。

前面所提到熙珍的例子也一樣。在別人的立場，覺得沒什麼大不了的狀況，可以自然而然地接受，但對熙珍來說卻很嚴重。自己準備了很久的話，說出來卻得不到回應，她會過度解讀自己是個不受群體歡迎的人。她之所以感受如此嚴重，全是因為「恐懼」。恐懼是人類的原始情感，很難用理智來控制。就像一旦天敵降臨眼前，自然會感到生命威脅，會害怕，會想逃跑。與其指責逃跑行為，不如先理解對方，尤其是身邊親近的人，特別是家人，更應該試著去理解。最重要的是你自己也要這麼做，不要急著怪罪自己。熙珍要先理解當場逃跑的自己，在她記憶中肯定有過被拒絕或者不被接納的經驗。或許想不起來詳細狀況，但那記憶想必非常強烈，所以成為一直存在的陰影，讓她害怕再次面對那種狀況。此外，還有感受恐懼的情緒過程，如前所述，她想要成為有存在感的中心人物，這個願望越強烈，對相反結果的恐懼就越大。欲望和失望就像莫比烏斯帶一樣連接在一起，必須面對這個事實，這種感情機制也隱藏在你的內心。那些總是想占優勢，想在別人眼中看起來很優秀、很帥氣的人，很容易會埋怨自己、對自己失望，因為他們不想呈現出與自己理想中相反的樣子。就算一點芝麻綠豆般的小事，也會像熙珍一樣自責：「我為什麼會這樣？我為什麼就那麼沒用呢？」

像這樣孤單卻只能自己一個人承受的理由從來就不是簡單的。這不是只要有意志力或習慣就能改變的問題。我想對熙珍說，好好了解自己的內心，並給予安慰。因為這是解決問題的第一步。

「這段時間真是太辛苦了，你一定很痛苦吧。」

「其實你也想和大家在一起，但好像事與願違，我可以理解。」

「沒有人回應你真是太過分了，你一定很難過吧。」

像這樣，不要刻意壓抑受傷的心，請告訴自己：我可以理解你。

給自己的心理學小蛋糕 20

責怪自己「為什麼如此沒用」時，請先停下來想一想：

越是這樣想的人，就越可能有一種強烈的欲望，想要向別人展示一個偉大而美好的形象。因為總是想贏、想占上風，所以當結果相反時才會責怪自己。

PART 4

精神管理來自體能管理

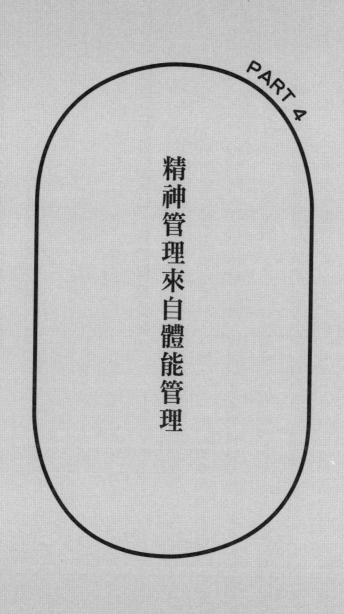

21 可以如實承認我的情緒嗎？

連自己都討厭自己，要如何接受呢？

三十出頭的奇英每當感到心累時，就會去找一些心理學相關書籍或YouTube影片來看，從中理解自己為什麼心累，複雜的情緒也變得平靜，感覺心情又整理得井然有序了。對她來說，唯有「接受情緒」這件事很困難。即使心裡明白承認並接受自己的情緒是解決問題的先決條件，奇英卻不知道該怎麼做。

奇英的心裡總是感到不舒服和沮喪，但她不明白應該如何理解並接受這樣的情緒。每當打開社群網站，上面總是充滿了幸福和積極的人，奇英對自己做不到像他們一樣感到很不滿意。

「如果我也能像他們一樣，看起來那麼自在、幸福的話，不管什麼樣的情緒我應該都可以全盤接受吧……」

奇英經常感到不自在、沮喪或莫名煩躁，因此常常充滿了消極的想法。她很討厭自己這個樣子，也不知道應該如何接受自己。她很羨慕那些與自己不同，可以享受生活，總是充滿活力的朋友。可能是因為這樣，她會在那些朋友的社群網站上留下半開玩笑半真心的留言，雖然覺得朋友看了可能會有點不高興，但好像只有這樣做，自己的心情才會稍微平衡一點，但是另一方面，她又會開始責怪自己：

「我為什麼會這樣？」

「我到底哪來這麼多無謂的嫉妒啊？」

一邊這樣想，一邊又怕被朋友發現自己的心情，所以總是提心吊膽。為了平復混亂的心，她又開始尋找心理學書籍了。

承認心裡的野獸，便會開始覺得踏實

很多人都說，他們不知道該如何接受負面的自我情緒，就像奇英一樣。即使是負面、消極的情緒，只要承認並接受就好，但是這真的不太容易。因為突然面對赤裸裸的情緒，會赫然覺得自己好像變成了奇怪的人，怎麼會有那樣的感受，害怕一旦承認來自內心的情緒，就會發現其實自己並不是個好人，進而感到焦慮不安。有很多家長無法如實接受孩子的感受，因為害怕認同了孩子的所有感受，到最後反而會毀了孩子，害怕孩子會成為如野獸一般只忠於本能的人。但別忘了人也是動物，如果可以先承認這一點，心裡就會比較自在。

無論科學多麼發達，位於人腦中的動物腦也不會消失。無論再怎麼樣用理性的力量壓制本能，動物腦依然存在，而且在受到壓制的情況下反而更會虎視眈眈，尋找機會釋放欲望。想要駕馭好獸性的大腦，反而應該要先承認這個「野獸」。人也是動物，應該承認自己與動物沒有不同，具有獸性般的本能，不要否定那些感受和情緒。只有這樣，才能接受並支持自己。成為支持自己的力量，就會感到安心，不再討厭自己。心自在了，反而更能突顯人性的一面，更能為他人付出。

心靈平靜的人的共同點

還是很難承認自己體內獸性的一面嗎？如果是這樣的話，就在你身邊找個讓你覺得舒服的人吧。這不是要尋找具有偉大人格或受到眾人尊敬的人，在我們身邊必定會有一、兩個人，不管行動或待人接物都很自然不做作，相處起來讓人感覺很舒服。找找這樣的人，並想想他們有什麼共同點。會是什麼呢？他們大多承認自己內心深處有野獸的存在。因為懂得接受自己的本能，所以可以很自然地在別人面前表達出來。對自己感到舒服自在，當別人看到你時也會感到舒服自在，關係就會自然地發展下去。

總想展現好的一面、優秀的一面，所以試圖隱藏獸性，結果會怎麼樣呢？因為時時擔心野獸本能的面貌被揭穿而焦慮不安，做什麼事都會很不自在，連與他人相處也會覺得很麻煩，結果越來越孤立，人際關係當然也會變得岌岌可危了。

當然，我們生活的社會中傳統的儒家文化也有一定的影響。如果每個人都能承認心中的野獸就好了，但現實是我們彼此監督、互相評價，特別是會對某些特定職業或社會作用予以嚴酷的標準進行評價。

「當媽媽的人怎麼可以那樣對小孩發脾氣？」

「身為老師怎麼可以那樣感情用事？」

大多數人總是這樣批判別人，但是你必須知道，如果只忠於社會作用，不承認自己的本能和內心的野獸，反而會成為毒藥。一個承認自己本能的人也可以同時好好履行媽媽的角色，但是如果過分追求當個完美的媽媽，不斷壓抑自己的本能，那麼會連最基本的事都做不好。

成為自己的支柱時會發生的事

處理人的情緒問題真的很不容易，就算知道方法並照著做，也還是很難改變情緒。但是只要正視自己感到羞愧、不自然的情緒，世界就會改變。你必須深入情緒最底層，仔細審視並承認自己有不想被別人發現的內在，具有像野獸般的本能。你害怕一旦承認了就會失控變成自私自利的怪物嗎？實際上並不會那樣，真正能夠站在自己這邊，成為自己的支柱的人，心境會變得更從容寬裕，這樣才有空間設身處地為他人著想，接受對方的情緒。

「原來我會抱怨是因為我想得到愛。」

「希望得到媽媽的稱讚卻未能如願，所以才會找無辜的人出氣。」

「本來希望成為中心人物，卻根本沒有人關注我，所以才會嫉妒心爆發。」

「每次看到那個人，我心情就不好，因為他完成了所有我想做的事。」

接受自己的情緒就是要像這樣接受最原始的模樣，這個過程並不容易，通常自己一個人很難做到，所以很多人會尋求諮商的協助。但一週一次，就算持續一年以上練習如實表達自己的感受還是不夠，因為過去更漫長的歲月裡你都沒有這樣做。而且很多諮商者會想「醫生會原原本本接受我最真實的情緒」而在潛意識中產生出「如果醫生覺得我很奇怪那該怎麼辦」的恐懼。根據我的經驗，一般要堅持練習一至兩年，才能學會如何表達自己原本的感受。

雖然不容易，一旦可以表達出來時，你的心裡會有說不出的舒暢。當你感到自在時，不管工作、人際關係和學習都能發揮最大的潛力，就能達到不受情緒起伏影響的心理狀態。接受自己的情緒，成為自己的支柱，就會帶來這樣不可思議的改變。

給自己的心理學小蛋糕 21

當生氣或嫉妒時，要承認自己內心最原始的情緒。

「本來希望成為中心人物，卻根本沒有人關注我，所以才會嫉妒心爆發。」

「每次看到那個人，我心情就不好，因為他完成了所有我想做的事。」

22 好好傾聽會帶來什麼改變？

想成為中心人物卻得到反效果

一直以來，載旭總是感到很孤單，因為他很害怕與人相處，所以身邊沒有什麼比較親近的朋友。進入大學前，他特地找了很多關於人際關係的 YouTube 講座來看，看到很多幽默的人似乎很容易受到歡迎，於是他買了關於幽默的書認真研讀，努力學習如何表達，並把書上看到的幽默句子都背起來，希望在新生訓練時可以派上用場，帶動氣氛，一改過去的形象，在大學生活中成為中心人物。他可以如願以償嗎？

新生訓練當天，載旭走近一小群人，在中間的是一個嗓門大又活潑的學生。雖然有些尷尬和害羞，但載旭在心裡反覆告訴自己要有自信。他安靜地加入他們的團體，先觀察現場氛圍，但是其他人在表達時他並未認真傾聽，反而專注在什麼時候有空檔可以讓他一展先前練習的成果。好不容易終於有了機會，進行的話題暫時告一段落，載旭迫不及待把準備好的幽默故事拿出來分享。

就在說到一半時，問題出現了，明明看過很多遍也背得滾瓜爛熟的故事，現在卻突然完全想不起來。在所有人關注的目光下，載旭眼前一片漆黑，腦中更是一片空白。最後他只好隨隨便便結束，而原本在團體中主導對話的學生很自然地帶起其他話題。因為大家都是初次見面，當場並沒有人嘲笑或揶揄載旭，但是他自己覺得很丟臉。大學生活開始的第一天，感覺形象就全毀，當天晚上他在床上翻來覆去，輾轉難眠。

揣摩對方的心去傾聽

人際關係是潛意識的互動，並非只靠個人意志和努力就會改變。不過還是有些方法可以改善，接下來就分享一些可以讓人際關係更順暢的方法。

我們經常聽到同理心在人際關係中的重要性，但這裡的同理心到底是什麼？許多人對此有誤解，以為只有說出「啊，你一定很沮喪吧」這樣的話才是有同理心的表現。但同理心不僅僅是語言，即使不說什麼，你也能給對方一種有共鳴的感覺，而這一切的關鍵就是專注傾聽對方的話。不是隨隨便便地聽，而是「積極聆聽」（active listening），懷著這樣的心態，即使有想說的話也要先忍住，不管是多麼好的建議也要等到對方說完再講。要設身處地為對方著想，一邊傾聽一邊理解對方的心情。

如果真的忍不住想說點什麼，不要說自己想說的，而是重複對方說過的話，邊聆聽邊確認，在這種時候要盡量閉上嘴巴，打開耳朵，這才是真正的同理心。

認真聽完後再說「原來如此」、「站在你的立場上是有可能那樣做」會很有幫助。即使不特別說什麼，只要專心傾聽並理解對方的心情，你的這種態度也會原封不動地傳達給對方。

表情或行動是屬於非語言溝通的領域，這種非語言同理心方面最訓練有素的就是精神科醫生。因此，諮商者會覺得被精神科醫生理解了，也很容易發生情感上的轉移。一般人可能認為尋求專業諮商之後，就會立刻得到解決方法，但實際上並非如此。很多時候諮商師或精神科醫生只是默默傾聽，偶爾開口說話時，比起建議，他們更常使用接受的話語。或許你會想，「就只是聽而已算什麼專業人士，朋友或家人也可以做到啊」，其實不然，大家可以想一想，要得到朋友或家人的共鳴似乎更難吧？正在看這本書的你應該也有類似的經歷，因為是最好的朋友，因為是一起生活的家人，所以應該最能了解我的心，但說出口反而受到傷害。另外，由於情感利益交織，有人也會擔心萬一向朋友或家人吐露心聲，不知道會發生什麼事，就不敢多說了。「萬一我突然談起這件事，卻帶來更大的壓力那怎麼辦……」像這樣的想法，會讓人卻步。

如果人際關係遇到困難，應該先練習傾聽

很多人就像前面提到的載旭一樣，為了改善人際關係而苦惱「應該怎麼說話才好」或「要怎樣才能說出有趣的話讓別人喜歡我」，但是如果執著「如何把話說得更好」，話語被曲解的風險反而會更大。相反地，首先應該集中於「如何認真傾聽」和「如何才能理解對方的心」。

透過諮商工作，我必須傾聽人際關係中的無數場對話，以及隱藏在其中的真實心聲。這種時候，我總會認為「其實每個人都有預設的答案了」。也就是說，即使向我徵求意見，其實對方心裡已經有想要的答案，如果我的回答正好吻合，就會立即被接受，否則就會被拒絕。當然，很多時候對方內心想要的答案並無法帶來幫助，若繼續堅持這麼做，只會導致惡性循環，儘管如此，傾聽仍然很重

要，若持續傾聽和接受，那麼對方一定會有自己領悟的時刻。

此外，專心地傾聽下去，然後思考「原來如此，對方的意思是這樣啊。真的會那樣吧」，慢慢就會變得更加客觀。或者在說話的時候，會突然產生其他想法，「啊，不對，我好像想錯了，我似乎太不了解自己了」，當你有這種感受時，就是改變開始的時候。

因此，「積極聆聽」不只是同理心的行為，也是可以客觀審視自己的機會。

直球對決無法讓人改變

一般人要在日常生活中積極聆聽並不像精神科醫生那樣容易。這是因為從自己的角度可以清楚地看到對方的問題點，就會一直想指出那個部分。但是直接說出來不一定能解決問題，很多時候就算理智上能夠理解，但是在情感上受了傷，所以反而會在心裡築起一道牆。以解決方案為重點來處理對話常常會適得其反，這一點很多人都知道，卻很難改變。此外也有人說，如果只是一直傾聽和接受對方說的話，反而會強化問題點，這也是事實。但首先，重要的是在產生同理心的同時建立信任的基礎，只有這樣才能表現出真實的自己，包括想隱藏的那一面，甚至是不敢告訴別人的內心想法。我們必須有機會這樣談論自己，才能實現真正的自我。

或許會有點辛苦，但還是放棄直球對決、快速解決的捷徑，繞一點遠路，慢慢傾聽別人的故事，你會從中獲得更多。

想親近的人對自己沒有興趣

即使有心想好好傾聽對方說話，也可能會遇到你喜歡或想親近的人對你沒什麼興趣的狀況。就像前面提到的載旭一樣，他想成為中心人物，想受到大家的喜愛，所以努力與人親近，試圖加入一個比較活躍的團體，心中期望如果和人緣好、個性活潑外向、社交性強的人親近一點，自己也會成為像他一樣的人，而且和那種人在一起，對自己的人際關係也會很有幫助。但問題是這樣的人很受歡迎，所以在他身邊已經有很多朋友了，不管多麼專注聽他說話，多麼設身處地為他著想，站在他的立場上，他其實沒有必要滿足別人的期待。強迫自己去接近對方，與他們交談，盡最大努力成為朋友，但當這一切發揮不了作用時，就會因此失去信心，心想「啊，一定是我不夠好」，如果這個想法持續下去，那以後在人們面前還是會畏縮，這個惡性循環就會持續下去。

先與讓自己感覺自在的人親近

那麼載旭該怎麼辦呢？他想和社交能力強的人親近，這其實完全不是問題，加入一個活躍的團體並試圖與他們交朋友也沒有錯。但首先，載旭應該問自己一個問題：「我為什麼那麼努力想成為中心人物？」如此一來，他會意識到：「對自己不善交際這一點感到很困擾，我想隱藏或改變。」這才是他真正的目的。

充分經歷這個過程後，比起想親近的人，不如先和身邊感覺相處自在的人多交流比較好。與那樣的人自然地溝通，慢慢變得親近，自己也會漸漸產生自信。無論個性多麼獨特，總會找到能與自己相通的人，如果因為不喜歡自己的特質，所以總是只關注那些與自己完全不同類型的人，反而會把那些可以很自然變親近的朋友推開。

所以我想對載旭說，與其盲目地進入活躍的團體中，努力搞笑吸引別人注意，不如先接近身邊與自己個性相似、可以自在對話、心靈相通的人。好好傾聽，再慢慢分享。只有經常與人交流，建立關係，人際關係的能力才會進步，如此一來自己也會增加信心，再進一步擴大自己的交友範圍，參加社團、聚會等，自然就可以解決困擾了。

不須展現完美無瑕的自己

能夠充分與相處自在、心靈相通的人建立關係，還會帶來一個好處，那就是當你讓自己的心感到舒適自在時，就能夠展現出未經修飾過的真實面貌。如果太努力隱藏不想曝光的部分，會讓人變得容易緊張，言行舉止很不自然，感覺綁手綁腳的。這些別人都看得出來。但是當你感覺放鬆時，心情會變得平靜，話自然可以說得更好，與他人談話時也會更專注，那麼就可以更深入理解對方，別人對你的好感度也會增加。在人際關係上不成熟的人會盡可能地隱藏自己的故事，怕說出來只會傷到自己。但是，只聽別人的故事而不分享自己的，也不算是「好的傾聽」。正如我之前說的，傾聽別人的故事很重要，但在人際關係中適度地展現自己也很重要。

當然，這並不代表你應該揭露內心所有陰暗的部分。如果赤裸裸地暴露自己內心的感受，卻沒有任何應對措施，很有可能會受到更大的傷害。展現自己也不要走捷徑，多繞一點路，就像前面提到傾聽別人的故事一樣。可以先從小插曲開始，當你發現展現真實的自己也沒有什麼壞處，反而能與對方更親近時，你也就會感受到更大的自信。

給自己的心理學小蛋糕 22

想結交一個真正了解自己的朋友應該怎麼做：

不要想著：「要說些什麼才能逗那個人笑？」

要專注在：「怎樣才能好好傾聽那個人的故事？」

23 內心強大的人與內心脆弱的人

如何做才能成為內心強大的人？

二十多歲的希菈的情緒起伏比較大。高中時最好的四個朋友到現在還是經常聚在一起，但不知怎麼的，每次感覺朋友們好像都在看自己的臉色。雖然腦子裡想著「這樣不行」，想讓情緒平靜，但自己又不知道該怎麼做。她既對朋友們感到抱歉，也不想破壞氣氛，但最後往往還是會忍不住以某種方式發洩情緒。她非常討厭這樣的自己。當然，每當她那樣時，朋友們都會靜靜地等她發洩完。希菈一方面很感謝朋友，另一方面又害怕有一天朋友們會受不了離開自己。她幾次下定決心要改，但還是在朋友面前爆發怒氣，事後又感到後悔，希菈對這樣的自己產生了羞愧感。

於是希菈開始懷疑自己是不是內心太脆弱了，因為類似的狀況，朋友們就不會感受到太大的壓力，也不會像自己那麼容易煩躁，甚至遇到更辛苦、更惡劣的情況，朋友們似乎都能輕鬆地完成自己負責的工作。相比之下，希菈覺得自己在朋友面前也無法感到自在，因為和朋友們聚會時就會想到工作，反覆想著被老闆訓斥，心裡真的很煩。

希菈很好奇怎樣才能像她的朋友一樣擁有強大的內心，她在 YouTube 上搜尋關鍵詞「讓內心變強大的方法」，查詢各種內容，還找了與此相關的心理學以及自我開發的書籍來看，希望可以有些幫助，但是每當同樣的情況發生時，她依然是腦子裡很清楚該怎麼做，情緒卻依舊無法控制。

「難道我天生就內心脆弱嗎？」不管她看了多少講座影片，讀了多少好書，還是無法實踐改變。於是希菈開始懷疑自己，陷入悲觀的情緒中，「這輩子是沒指望了，看看下輩子能不能成為內心強大的人吧。」像希菈這樣無法控制自己情緒的人，真的是內心脆弱嗎？

我們對控制情緒的誤解

回答這個問題之前，首先必須了解何謂善於控制情緒。一般認為，在極度憤怒或心煩意亂時，也能保持鎮定，不輕易表露情緒，就是善於控制情緒；即使在情緒達到最高點時，也不會全部釋放，不會衝動行事的人，就是內心強大，懂得如何控制自己的人。

但是真的有那種人嗎？當水滾時把水壺蓋打開是理所當然的事，從科學上來說，水壺裡的水沸騰，熱蒸氣充滿壺內，會增加壓力，要將蓋子打開熱氣才能消散，如果把水壺蓋關得更緊，會發生什麼事？當然會變得更危險，這時候要做的就是趕快關瓦斯。

人的情緒也是一樣的。如果生氣了，首先要消除原因，而不是控制情緒。那麼我們再回到之前提出的問題，善於控制情緒是什麼意思？是指可以控制情緒在到達頂峰時也不會爆發嗎？

這部分有很多人誤解，以為善於控制情緒就是在日常生活中管理好自己的情緒。實際上，我們要觀察情緒，而不是控制情緒。這是什麼意思？顧名思義，指的就是我們要仔細觀察自己的感受。這聽起來好像很簡單，其實不然，因為我們從未學過。我們從小就被教導要學會控制好自己的情緒，沒有人教我們如何感受，沒有人告訴我們情緒是很自然且重要的東西，所以我們並不知道應該如何感受和接受自己的情緒。

情緒就跟天氣一樣

再舉個比較容易理解的比喻，我們都知道天氣的變化無常，但一切又是那麼理所當然。想想全世界的天氣，不同國家、不同地區的天氣特徵都不一樣，而我們都很自然地接受它的變化。人的情緒就像天氣一樣，每個人都有自己獨特的情緒特徵。當我們乘船在海上航行時，沒有人會去控制天氣，而是觀察天氣，風大時可以張帆前行，遇到強風時則要放下船帆，減少風的影響。當暴風雨襲來時，就算無法按照既定的航程走，也要先保護好船隻。

正如我們觀察天氣並採取相應行動一樣，我們必須先了解自己的情緒，這樣才不會被情緒控制，而是可以好好解讀情緒的信號並做出適當的反應。或許你不清楚如何具體地觀察情緒，但仔細觀察自己的內心是很自然且必要的事。只要能確切地掌握每時每刻的感受，就不會放任情緒累積到衝開蓋子爆發。如果「內心強大」這個概念真的存在，那麼應該是指一個人可以很好地掌握自己的情緒狀態。

正如我經常說的，我們必須記住，能夠控制好憤怒與內心強大是不同層面的問題。

從「我」開始，尊重自己的情緒

不過，如果這樣解釋「內心強大」的涵義，恐怕會有人反對。

「不是啊，人在憤怒的時候應該要能控制自己的情緒，這樣才不會跟動物一樣啊！」

這話當然沒錯，但是不要忘了人原本就是動物。想想孩子們。孩子不善控制情緒，一旦情緒達到高峰時就會耍賴翻臉，不管父母如何勸阻都沒有用。那麼，成年人是否就不一樣呢？其實就心境來說並沒有什麼不同，只是表面上沒有顯露出來，我們只不過是藉由無數次的錯誤和社會化過程勉強堅持而已，這與善於控制情緒是不同的。常見的例子是在公司忍受上司的壓力，回到家後就對配偶或孩子釋放壓力。把不好的感情累積起來，然後在錯誤的地方發洩，這種事太常見了，所以韓國有一句諺語說「在鐘路挨耳光，到漢江斜瞪眼」，正是指像在公司受了氣不敢吭聲，等回到家才拿家人出氣，這只是把來自強者給予的壓力加諸在比自己更弱的人身上罷了。那麼，該怎麼做才能避免這種狀況呢？就是與其在憤怒時強忍，不如平時就要尊重自己的感受，這個過程當然不容易，因為你必須一直判斷自己的情緒。

「為什麼我不能和朋友們一起玩得很開心？為什麼我老是被組長罵？難道我真的是那麼沒用的人嗎？」

「朋友只是隨口說說而已，為什麼我會一再想起而且覺得心情很不好？難道我是心胸那麼狹窄的人嗎？」

如果這樣指責或貶低自己的感受，很容易讓人陷入自我懷疑。結果會怎麼樣呢？因為離自己的情緒越來越遠，將會更難控制情緒，最後反而變成絕對不想成為的「沒出息、心胸狹窄的人」。因此，我們必須賦予自己的感受正當性。

「組長可以指責工作上的缺失，但他不能指責我個人，這是不合理的。就是因為這樣所以我才心情不好，和朋友們在一起的時候也開心不起來。」

「雖然只是隨口說說，但我都說我不開心了，他們是不是應該停止啊？就算是朋友，但也要互相尊重啊。所以我會生氣也是理所當然的。」

像這樣，必須先尊重自己的感受。即使是客觀上來說微不足道的事，但情緒是主觀的，如果你感到很糟糕、很難受，那就不是小事。在與朋友分開後，還一直想到對方說的話，而且很不愉快，這就說明那些話觸動了自己的情緒。只有先承認自己的心情確實受到影響了，才能一一理解背後的複雜情緒。

另外，為了完全接受自己的感受，首先必須打通內心的情緒過濾器，想做到這一點，就得找出是什麼卡在過濾器裡頭。

如果認為「因為一些沒什麼大不了的話而心情不好，就代表是心胸狹窄的人，我不能那樣」，卡在你的情緒過濾器裡的就是關於「心胸狹窄的人」的定義。每個人多少都會有比較小氣的部分，但是你卻極力不允許自己有那種感覺，避免讓自己成為心胸狹窄的人。如果仔細思考為什麼有這樣的情緒，你會發現一切可能都是有原因的。

例如，從小到大一起生活的家人、親戚、朋友中，有個心胸狹窄的人讓你感到很討厭，所以才會決心不要成為那樣的人。但是情緒不是你決定這樣做就可以處理的事情。在別無選擇的情況下，你還是否定自己的感受，那麼就會像你擔心的那樣，即使只是細微末節的小事，你也會感到難受。情緒就是如此讓人無可奈何。

給自己的心理學小蛋糕 23

何謂「內心強大」？

「內心強大」不是「善於控制憤怒」，更像是「可以很好地掌握自己的情緒狀態」。平時好好理解自己的真實情緒，自然就會讓內心強大起來。

24 選擇不再逃避，人生卻變得更辛苦了

決心「重生成為積極的人」的女子

三十多歲的庭華對自己的人生感到鬱悶。學生時代的同學們都順利就業，展開職業生涯，或是結婚生子，育兒和工作兩不誤，過著充實的日子，好像只有自己在原地踏步、停滯不前。庭華面對人際關係很容易感受到壓力，所以在任何一家公司都待不久，不到一年就辭職的公司超過六家，中間還曾經休息了一陣子沒有工作，所以一直沒能累積完整的工作經驗。隨著時間過去，不知不覺就三十多歲了，她深深覺得不能再這樣過日子了。「每次總是還沒從工作中學到東西就辭

職了，感覺累積的經驗一點都不扎實。」庭華趁著休息的那段時間深思熟慮了一番。她透過觀看 YouTube 講座和心理學書籍領悟到自己是具有逃避傾向的人，她真的很想改變，所以不久前找到新工作時，便下定決心要努力改變，並且把這當成最後一次機會。

她從第一天上班開始就努力表現得活潑外向，決定不要再像以前那樣凡事被動，要處處表現得很積極。觀察幾天之後，她找到了部門中最善於交際的人，並接近對方。但是改變並不如預期，人們沒有做出回應，於是她的心又縮回去了。庭華不想再像以前一樣當個邊緣人，但是感覺自己又要回到當時的生活，於是她變得焦慮不安，臉上的表情也越來越陰沉。在公司整天緊張不安的她，下班回家後總是感到筋疲力盡。以後該怎麼辦？因為不能再回到逃避的生活，所以即使會失望和失敗，庭華也該繼續挑戰嗎？

難道自己真的一點魅力也沒有嗎？

許多人讀了心理學書籍，對自己有更多理解之後，決心不再過逃避的人生，要接受挑戰，勇敢走向人群。但是這樣人生就會朝自己想要的方向發展嗎？人們會像一直等待著你一樣熱情歡迎你嗎？明明照著書上寫的不再逃避，也勇敢面對挑戰，結果對方的反應很冷淡，自己反而變得比之前更焦慮不安，先前的決心和動力也逐漸消失。如果這種事不只一次，而是反覆發生的話，最初可能會感到生氣，最後則是變得沮喪、孤僻，「沒有人喜歡我，自己一點魅力也沒有」，然後開始自我虐待。然而那真的是因為你沒有魅力嗎？

在聽取了許多具有逃避傾向的諮商者的故事後，我發現一個驚人的共同點。我先前說過，這些人可能會和同樣有逃避傾向或孤獨的人變得親近，但他們總是試圖與自己嚮往的人，也就是與他們性格相反的「中心人物」成為好朋友。因為在他們心中對感情有著高度的理想，而那些人是在團體中最有名、最受歡迎的人。

如果可以和那種人親近，這些人就會產生一種戲劇性的幻想，覺得自己也可以很快變得一樣受歡迎。但是那些「中心人物」也會對你感興趣嗎？通常答案是否定的，但這並不是因為你沒有魅力，而是那種人身邊往往已經聚集了很多不同的人，並不需要再多一人。

別再找中心人物了，接近像自己的人

因此，如果你想努力與某人建立友好關係，與其把目標放在那些中心人物身上，不如關注那些看起來想與人交朋友卻有點被冷落的人，成功的機率是非常大的。如果進一步交流，發現彼此的興趣和性格差不多那就太好了。這裡最危險的陷阱是你可能會對此感到抗拒。

「萬一和邊緣人親近之後，我也變成邊緣人，那該怎麼辦？」

因為有這樣的想法，所以無法接近與自己相似的人，這樣的情況真的很常發生。但是主動接近對方、互相交流情感、變得親近的經驗是很重要的。當你一次、兩次慢慢累積經驗之後，就會產生自信心。自信心是人際關係中非常重要的動力，一旦心中萌發了自信，就不會急躁焦慮，心情會變得舒暢和放鬆。如此一來，即使被人拒絕了，也不會再像以前那樣大受打擊。如果沒試過就認定不會有人喜歡自己，或是想著主動出擊只會讓自己丟臉，那麼只要被拒絕一次，就會造成很大的衝擊。

先從自己一個人也可以做得很好的事開始

在因為逃避傾向而苦惱的諮商者當中，有些人會為了克服對人際關係感到緊張的習慣，而到咖啡店或餐廳打工。對於他們願意拿出勇氣，首先就該給予熱烈的掌聲。不過要是突然面對太多人，有時反而會產生反效果。就像在建立人際關係時，比起接近「中心人物」，不如尋找和自己相似的人比較好是同樣的道理。工作也是如此，如果具有逃避傾向，不要勉強自己一下子就面對許多人，可以先找一份不用面對那麼多人的工作。比起那種每天開會，常常一群人聚在一起的工作，一個人運送物品、一個人整理檔案、一個人撰寫資料等類型的工作會更適合。「只要做就行了」、「只要踏出去，沒有什麼是解決不了的」這種精神，老實說對具有逃避傾向的人有難度。沒有任何對策就面對許多人，會發生什麼事呢？緊張狀態會一直持續，身體的交感神經系統會超過負荷，不安和焦慮只會越來越嚴重。不管你有多麼強烈的意志，身體還是會有緊張反應，說話會結巴或發抖，然後變得很沮喪，心想「我果然還是不行」。若工作沒有處理好，又被老闆罵，更會加重自己的負能量，「我不只沒有社交能力，連工作能力也很差。」過度接受他人對工作的批評是對自己的排斥，只會讓逃避傾向更根深蒂固。

正因為如此，對於具有逃避傾向的諮商者，在諮商過程中我會非常細緻、緩慢地拉近距離。充分理解逃避傾向背後的感受之後，再慢慢進入行為治療，以免過分傷害情緒，這樣才能提高成功的機率。無論當事者多麼理性地認為這是對的，如果情感受到傷害，就無法再進行治療了。

當諮商者本身已經意識到人生因為逃避傾向而停滯不前時，通常會很著急，「因為逃避傾向，我的人生已經落後別人一大截了，必須快點趕上才行」，出於這樣的心情，會希望能盡快看到效果。但是我想強調，越是這樣就越應該一步一步慢慢進行。就像諮商師一樣，諮商者本身也要細心觀察自己的內心，不要忙中出錯反而又傷害了自己的情緒。

情緒很難因為「下定決心」而改變

我還想強調一點，情緒並不是可以按照個人意志控制的東西。只因為下定決心「我不應該感到尷尬」、「我不應該感到不舒服」、「我今天會覺得很自在」就會如願嗎？實際上，明明很尷尬卻想靠意志力改變，只會讓自己感到更尷尬。明明不舒服卻假裝沒這回事，全身都散發著不自然的緊張感，反而會加劇內心混亂的感受。

因此，與其擔心在糟糕的情況下該如何控制情緒，不如每天試著理解自己的情緒，並且練習向能夠接受你的情緒的人表達，可以是家人或者朋友，只要多累積自己被接受而不是被排斥的經驗，久而久之情緒就會趨於穩定。

給自己的心理學小蛋糕 24

如果決定不再逃避，請試著這麼做：

不要一心只想接近中心人物，先和與自己相似的人親近。

從自己一個人也可以做得很好的事開始挑戰。

25 身體無恙，人際關係自然就暢通了

恢復心靈的三種方法

到目前為止，我介紹了各種因為人際關係而苦惱的人內心深處的心理衝突，但是不管在理論上多麼清楚，如果實際上的心理狀態不恢復，對人際關係一點幫助也沒有。例如有個人因為某件事而罹患憂鬱症，他平時以好脾氣出名，人際關係也很好，看起來沒有任何問題，但是得到憂鬱症後，人際關係全面破裂，心理狀態也變得非常不安。可見一個人的心理狀態和人際關係密切相關。

那要如何才能知道一個人的心理狀態呢？基本上可以透過三個要素來了解：

想法、情緒、行為。接下來透過具體情況說明。

「我覺得那個人不喜歡我。」、「誰會喜歡像我這樣的人呢？」、「看到我一點反應也沒有，他好像不想理我。」這些「想法」會讓人產生憂鬱、悲傷、不安、恐懼、羞恥等「情緒」，而「行為」就是為了避免經歷那些痛苦的想法和情緒，身體反射性做出的反應。為了從源頭阻止這種情況，有些人會做出逃避的行為，或者相反地，有些人會執著於某種形象而出現過度努力的行為，例如拚命搞笑表現出風趣的一面好吸引人們關注，或者委屈自己只為了讓別人覺得自己是個好人。不管是逃避還是執著，最終都只會讓人際關係變得更困難。究竟要如何營造輕鬆的心理狀態呢？以下就告訴大家在任何情況下都適用的三種方法。

「睡眠」是心靈健康的首要條件

第一點，要好好睡覺。記得我在擔任第一年精神科住院醫生時，因為是新手醫生，基本上都是按照教授的指示行動，每天早上在教授進行巡房之前，都要先去病房確認住院病患的兩個狀態，其中一個就是「睡眠」。我的工作不是單純問患者睡得好不好，而是要非常鉅細靡遺地詢問，幾點睡覺、幾點起床、中間醒了幾次、中間醒來後需要多久才能重新入睡、睡得很沉還是睡得很淺、會不會做很多夢、白天累不累等，都要一一確認。當時只因為是教授指示所以照著做，後來自己成為主治醫生，經驗越來越多之後，我才深深了解其重要性。

精神疾病患者最重要的症狀之一就是睡眠模式的變化。憂鬱症患者的情況大多是睡不好、睡眠時間大幅減少，或是睡眠時間太長，基本上睡眠模式都會發生變化。另外，睡眠模式既是精神疾病的結果，也是原因。如果睡不好，罹患憂鬱症的機率也會提高，因此檢查住院患者的睡眠狀態是最基本也最重要的事。如果患者抱怨晚上沒睡好，我就會被教授訓話，因為無論是藥物或其他處方，首要條件都是幫助患者改善睡眠，這樣心理上才會穩定下來，後續治療才有效果。

直到現在我還是一樣，在進行諮商治療時都會先確認諮商者睡得好不好。雖然前來諮商的原因不同，有人是憂鬱，也有人是感到不安，但首先都要確認是否長期處於無法入睡的狀況，在諮商治療或開藥之前，要先解決睡眠問題。神奇的是，只要改善了睡眠，大概有一半的症狀很快就會好轉。

睡眠對精神健康為什麼這麼重要？睡眠的功能有三個，第一，為身體補充能量、恢復功能；第二，記住白天吸收的重要內容，刪除不必要的記憶；第三，穩定情緒。很多人會忽略第三個功能，其實我們都曾體驗過，如果睡眠不足或睡得不好，就算遇到一點瑣碎的小事也很容易煩躁，神經變得特別敏感。

睡眠的相關研究很多，可見睡眠品質真的很重要。有研究結果顯示，在睡眠不足的情況下開車，等同於酒後駕駛。如果長時間不睡覺，認知功能會大幅下降，十八個小時不睡覺，血液中的酒精濃度就達到吊扣駕照的標準；二十四小時不睡覺，更是相當於可以吊銷駕照了。另外，就算睡著了，但在睡眠過程中一再醒來，也會讓人變得煩躁，很難產生積極正面的想法。

很多學生為了學習、上班族為了工作而常常犧牲睡眠時間，但是睡眠不足不僅對身體健康有害，對精神健康更是大大不利，會降低記憶力和注意力，反而導致學習和工作做不好，如此一來，又會再犧牲更多睡眠時間，落入惡性循環之中。如果情況嚴重，甚至會有演變成精神疾病的危險。

雖然每個人的情況不同，不過從醫學觀點來看，人平均大概要睡七個小時以上比較合適，這樣身心才會健康。另外，睡眠時間要充足這點固然重要，規律的睡眠模式也很重要。在新冠疫情爆發的那段期間，疑似罹患憂鬱症的人增加了很多，這主要是因為生活型態改為居家辦公、網路授課，睡眠反而變得不規律。因此，如果無緣無故時常感到憂鬱，不妨先回想一下自己最近的睡眠模式。

何謂「吃得好」？

第二，要吃得好。前面提到我在第一年住院醫生期間，每天早上都會仔細確認住院患者的睡眠。除此之外，還有一項要確認的，就是「吃」。

這當然也不能馬虎，必須非常詳細地詢問，一天吃幾頓、飯是吃完一碗還是只吃了四分之三或一半、菜吃了多少、零食吃了多少、胃口好不好等等。因為隨著睡眠模式的變化，食慾也會受到影響，而這也是精神疾病的重要症狀。精神健康變差時，飲食模式也會發生變化。有人會食慾下降，食量和體重大幅減少；相反地，也有人是突然暴飲暴食體重增加。由此可見，精神健康與飲食習慣緊密相連。舉個明顯的例子，人稱「快樂荷爾蒙」的血清素如果不足，會誘發不安、憂鬱，而血清素也是左右食慾的荷爾蒙。

另外，和睡眠模式一樣，飲食習慣的改變既是精神健康狀況不佳的結果，同時也是原因。例如，暴食症或厭食症等飲食失調的重要起因，通常都是不規律的飲食模式。因此，在進行心理諮商治療時，患者每次回診，比起檢查他的憂鬱或焦慮症狀的變化，我更在意他吃得好不好。這裡所謂吃得好並不代表要吃很多，而是看平時飲食是否適量、均衡，體重有沒有大幅度的變化。

「吃」為何如此重要呢？和睡眠一樣，吃是人類賴以生存的基本條件，是生活的基礎，規律和不規律之間存在巨大的差異。毫不誇張地說，這就好像我們立足與生活的土地，如果土地時不時發生震動或變化會怎麼樣？我們的身體會一直處於緊張狀態。不規律的飲食模式也一樣。換個說法，當身體處於緊張狀態時，就是自律神經系統過度活躍或交感神經亢進的狀態，而身體變得不穩定時，人會下意識地試圖緩解緊張，那麼就會消耗大量的情感能量，即使沒做什麼事，也會很快就感到疲倦，自然就會出現不安、沮喪和焦慮的情緒。

那應該怎麼吃呢？吃得好並不是吃很多，而是即使不餓，也要在固定的時間內有規律地吃適量的東西。一定要記住，這不僅是身體健康，也是精神健康最基本的條件。

精神管理來自體能管理

第三，要運動。我們都希望心理健康，也就是要做好精神管理，但是精神管理並非來自心理調節，而是體能管理。這是什麼意思呢？再回到我的住院醫生時期。因憂鬱症住進醫院的人，大多是情況很嚴重的，他們的身體很虛弱，所以常常一整天都躺在床上。剛開始我認為讓他們多休息比較好，但是經驗豐富的教授並不是這樣想。醫院絕不允許病患整天躺在床上休息，即使沒有力氣散步或做運動，至少也要坐著而不是躺著。但身心都很疲憊的患者通常都只想躺著不想動。在這種情況下，醫護人員該如何應對呢？老實說當時我真的受到衝擊。醫護人員會每天在固定的時間，把床墊調成直角，強迫患者坐起來。記得當時我心裡忍不住想：「這太過分了吧？簡直可以說是虐待啊！」但隨著臨床經驗的累積，我才慢慢理解為什麼要那樣做，因為那樣可以幫助患者恢復精神健康。

為什麼呢？前面說過，人的心理狀態會受到想法、情緒和行為這三個因素相互影響。想法和情緒會影響行為，反過來行為也會支配想法和情緒。像這樣調節行為，改變想法和情緒的方式稱為「行為治療」（behavior therapy）。

只關在家裡更憂鬱

天氣太熱或太冷的時候，人的身體就會懶得活動，很多人都只待在家裡。這幾年因為新冠疫情，很多人只能待在家裡，但是一天到晚都只待在家裡會怎麼樣？充足的休息對身體有益，那心情也會因此而變好嗎？剛開始可以不用上班、上學，人們可能覺得很不錯，但隨著時間流逝，很多人反而覺得越來越累，做什麼事都提不起勁，心情也變得更低落。實際上，在新冠疫情爆發後，憂鬱人口急劇增加的原因之一，就是來自於突然大幅減少外出頻率的關係。

起初，因為網路授課和居家辦公實在太方便了，絕大多數的人都覺得這樣很好，但這樣的時間持續，成為常態後，很多人反而比以前更憂鬱和無力。讀者們應該多少都有那樣的感覺。另外，你一定也體會到，當你可以外出活動或工作時，心情自然會慢慢變好。像這樣的活動不僅對身體健康有益，對精神健康也有很大的影響。因此在諮商治療中，如果睡眠模式和飲食模式沒有問題，就必須確認是否因為外出頻率太少而影響精神健康。

人際關係從每天快走三十分鐘開始

除了諮商和藥物治療，還有許多治療憂鬱症的方法，例如冥想、瑜伽、營養補充和閱讀。其中有一件事已經被科學證明與藥物和諮商一樣有效，就是活動你的身體，也就是「運動」。精神科醫生每天都在診間從患者身上得到證明，運動的效果與抗憂鬱藥一樣有效。所有的運動都很棒，但研究證明最有效的運動是每天快走三十分鐘，讓身體能夠稍微出點汗最好。

你是否因為人際關係而痛苦？是否對所有事情都失去了動力？週末在家就只是躺著滑手機，莫名感到心情沮喪嗎？了解自己的心為什麼會那樣很重要，但在那之前需要做一些事，就是強迫自己站起來，走出去活動身體。這就是為什麼在前面提到，精神管理來自於體能管理。體能管理是精神管理的第一步，對人際關係緊張、壓力、憂鬱、焦慮等都適用。

每天規律睡眠七小時、三餐定時適量、每天快走三十分鐘。做好這三件事，你的心理狀態就會真正好起來。當心理狀態好轉時，人際關係中的困難也會自然而然地解決。

給自己的心理學小蛋糕 25

在進行心理治療之前，請先做這三件事：

一、每天有規律地睡七個小時以上。

二、每天有規律地吃三餐。

三、每天快走或運動三十分鐘。

後記

即使是因為有興趣而拿起這本書，要全都看完也不容易。就算主動購買和閱讀書籍，很多人會因為各種原因而無法看到最後，所以我想對看完這本書，正在閱讀這一頁的讀者表示鼓勵和感謝。謝謝你相信我，讀完這些內容。希望這本書能讓你逐漸理解自己的情緒，在人際關係中遇到困難的問題都能逐漸得到解決。如果你讀了這本書以後，覺得「因為人際關係的壓力而拿起這本書來看，看完之後讓我更理解自己的內心，能夠成為自己的支柱」，身為作者的我會感到很欣慰。在本書中，除了心理分析外，每一章的最後都有一個實踐的指南，我取名叫「給自己的心理學小蛋糕」。在感到心累或苦惱不知該如何應對的時候，只要翻開這個部分，實踐在生活中，相信會很有幫助。

雖然身為精神科醫生，我本身在生活中也有很多苦惱和感到困難的時候，但是值得感激的事也很多。不管是在診間，還是透過YouTube等社群網站，每當我了解一個人內心的複雜情事，都會感受到無法用語言表達的情感。我想透過這個機會，向信任我而坦率表達出自己內心想法的所有人表示真心的感謝。多虧了各位，我才能分享所學所知幫助更多人，也多虧各位，我才能鼓起勇氣寫這本書。

雖然在書中說得頭頭是道，但身為精神科醫生的我也會遇到兩難境地。在擔任精神科醫生之前，我也是一介凡人，當客觀地面對我的日常生活時，經常和大家一樣會有覺得羞愧的時候。

在寫這本書的過程中也是如此。這本書是身為YouTube頻道「精神科醫生鄭宇烈」的經營者，講述人際關係故事的第一本書，可能是因為太想好好地寫，結果寫作過程反而很不順。因為求好心切，但是身體卻跟不上，所以延宕了兩年才完成。

我要對朴志浩編輯致上歉意和謝意，沒有催促遲遲無法準時交稿的我，反而體諒我，耐心等待。最後還想對我生活的原動力——妻子、女兒、兒子和雪球表示感謝。

二〇二二年四月　鄭宇烈

高寶書版集團
gobooks.com.tw

新視野 New Window 277

你無法破壞我的心情：精神科醫師教你維持恰到好處的關係

힘들어도 사람한테 너무 기대지 마세요：기대면 더 상처받는 사람들을 위한 관계 심리학

作　　者　鄭宇烈 정우열
譯　　者　馮燕珠
責任編輯　林子鈺
封面設計　林政嘉
內頁排版　賴姵均
企　　劃　鍾惠鈞

發 行 人　朱凱蕾
出　　版　英屬維京群島商高寶國際有限公司台灣分公司
　　　　　Global Group Holdings, Ltd.
地　　址　台北市內湖區洲子街 88 號 3 樓
網　　址　gobooks.com.tw
電　　話　(02) 27992788
電　　郵　readers@gobooks.com.tw（讀者服務部）
傳　　真　出版部 (02) 27990909　行銷部 (02) 27993088
郵政劃撥　19394552
戶　　名　英屬維京群島商高寶國際有限公司台灣分公司
發　　行　英屬維京群島商高寶國際有限公司台灣分公司
初版日期　2023 年 11 月

國家圖書館出版品預行編目（CIP）資料

你無法破壞我的心情：精神科醫師教你維持恰到好處的關係 / 鄭宇烈著；馮燕珠譯 -- 初版 . -- 臺北市：英屬維京群島商高寶國際有限公司臺灣分公司 , 2023.11
面；　公分 . -- (新視野 277)

譯自：힘들어도 사람한테 너무 기대지 마세요：기대면 더 상처받는 사람들을 위한 관계 심리학

ISBN 978-986-506-853-0(平裝)

177.3　　112017560